渡邉貴義
Takayoshi Watanabe

自己流は武器だ。

私は、なぜ世界レベルの寿司屋になれたのか

ポプラ新書
210

はじめに

照寿司三代目の渡邉貴義です。福岡県北九州市の戸畑という町で「照寿司」という寿司屋をやっています。

照寿司は今年で創業58年目。祖母が創業して、父が継ぎ、自分で三代目。もともとはいわゆるカウンターと出前だけという町の寿司屋よりも少し格式の高い、地元の人が結納や法事なども行う寿司屋でしたが、今やInstagramでのフォロワーが13万人を超え、世界中からお客様がいらっしゃっている寿司屋です。自分で言うのも何ですが、世界一有名な寿司屋と言ってもいいでしょう。

ちなみに、このコロナ禍の今でも、Instagramのフォロワーは、1カ月に

2000人ずつ増えています。

2019年には、ニューヨーク・タイムズ紙の全面を飾り、コロナ前の2年間の間に、お店を半年休んで、スウェーデン、マカオ、タイ、中国、アメリカと計7回のポップアップイベントも開催しました。

一介の地方の寿司屋がどうしてここまでなれたのか？
照寿司の魅力は何なのか？
そしてこれから照寿司はどこに向かおうとしているのか？
本書はそういった内容について語っています。

もちろん地方の寿司屋が一晩にして今の状況になれたわけではありません。
僕自身、照寿司が地方にあること、しかも都会からは行きにくい場所にあること、自分が三代目であることにずっと悩んでいました。それこそ、食材選びから、寿司の提供の仕方まで、試行錯誤をしながらコツコツと積み上げていった結果が今の照寿司です。

自分が置かれている現実は、そうそう簡単に変えられるものではありません。でも、今、自分が置かれている状況に負けてしまったらそこで終わりです。つまり田舎だからとか、三代目だから、とかを言い訳にしてはいけないということです。

ハンディはハンディだと思ったらそこで終わり、負けなのです。むしろそのハンディをどうしたら「強み＝武器」に変えられるかを考えてみる。そして、自分なりの「武器」を世界に通用するまでに磨き上げていく。少しずつでも自分にできることにトライしてみる。その挑戦を続けられる人こそが､何かを成し遂げられる人だと僕は思います。SNSの発達で、もはや「地方にあるから」「田舎だから」お客様が来ない、というのは言い訳にしかなりません。

ではどうしたらいいか?

本当に地道にできることをするしかないのです。
諦めず、今の自分にできることは何かを一生懸命に考えて、それを「続ける」こと。それが一番の近道です。
僕もそうしてきました。ずっと長いトンネルにいましたが、あるときから少しずつ光が見えて、それが今に続いています。

ぜひ本書を、未来が見えなかったり、現実を変えたいのになかなか変えられず悩んでいる若者、そして寿司屋に限らずファミリービジネスを継いで、もやもやしている二代目や三代目に読んでいただきたいと思います。

自己流は武器だ。／目次

第3章　何者でもない自分からの脱却　57

第4章 ビジネスと照寿司 107

第7章　ビジネスとしての照寿司を語る

第1章

戸畑発・寿司オペラ

うか。

世界一有名な寿司屋と呼ばれて

照寿司が世界一有名な寿司屋と言われるようになってもう4年くらいでしょうか。

お陰さまで、2019年には、マスターカードの広告ではありましたが、ニューヨーク・タイムズ紙の全面も飾りました。

今は、2020年からのコロナ禍で、世界中からお客様が来られない状況が続いていますが、コロナの前までは、福岡県北九州市戸畑区にある照寿司には、それこそ地球の裏側のブラジルをはじめ、ヨーロッパ、アメリカ、アジアと世界中からお客様にお越しいただいていました。

「世界一有名な寿司屋」とまで言われるようになった照寿司ですが、ここに至るまでの道のりは決して平坦だったわけではありません。

まさに壁にぶち当たってはそれを乗り越えることの連続でした。

なぜここまで来ることができたのか、その過程については第2章以降で詳し

2019年9月、ここから2カ月間にわたってニューヨークで開催される照寿司のポップアップイベントの告知のため、ニューヨーク・タイムズの全面を飾ったときのもの。

くお話ししますが、ここまで来られたことにはいくつかのターニングポイントがあったと思います。

それを自己分析すると

1　照寿司が地方である北九州の戸畑という土地にあったこと
2　ＳＮＳとうまくリンクしたこと
3　照寿司＝渡邉貴義というキャラクター作りが成功したこと
4　劇場型という新しい形の寿司屋を創造したこと

などが挙げられます。


なかでも、照寿司が九州で最大の都市、福岡市内ではなく、戸畑という北九州市の住宅地にあったことも大きな成功の要因ではないかと思っています。

良くも悪くも戸畑への郷土愛抜きには、現時点での照寿司の成功はあり得なかったのです。

1　照寿司が北九州の戸畑という土地にあったこと

戸畑という土地

照寿司は福岡県の北東部、北九州市の戸畑区というところにあります。

戸畑は万葉集にも、「飛幡《とばた》の浦」というワードが出てくるような由緒ある土地です。今でこそ北九州市の一つの区になっていますが1963年に北九州市に合併される前は、戸畑市という市でした。

明治時代にはコークス工場、戦前からは八幡製鉄所（現・日本製鉄）の主力工場である戸畑製造所など、工業の町として栄えてきました。そして今でも、さまざまな工場があり、北九州市の工業地帯の一端を担っています。人口は戸畑区だけでみると約5万7000人の小さな区です。かつても今も、八幡製鉄所をはじめとする工業地帯で働いている人たちがメインで住んでいる町です。

また、福岡市と近いこともあり、近年は福岡へ通勤する人たちのベッドタウンの役割も果たしています。

昔から住んでいる人と、最近越してきた若いファミリーが共存しているような町、それが戸畑です。

とはいえ、僕が子どもの頃は、もうちょっと今より街に活気があった記憶があります。現在はベッドタウン化が進んでいるとはいえ、昔からの住人たちの高齢化が進んでおり、全体的にさびれている印象はぬぐえません。僕が小学生の頃は、寿司屋も戸畑に5~6件はあった記憶があるのですが、今はチェーン店ではない地元の寿司屋は数えるほどしかありません。

僕は東京の街の特徴についてはちょっとピンとこないのですが、ホリエモンさん曰く、「月島みたいな町」だと。

ここ戸畑で照寿司が創業して、2021年で58年になります。創業者は僕の祖母です。そこから父が継いで僕で三代目になります。

戦後の高度経済成長期、日本の成長とともに栄えたこの町に、満州帰りの祖母が寿司屋を出したのです。

今はビルになっていますが、僕の子どもの頃は、店舗の奥に住居があり、店舗は2階建てで、1階はカウンター、2階には大きなお座敷がありました。

僕が2016年に店舗を改装してカウンターだけのお店にする前までは、本当に照寿司は、完全に戸畑の人、それから戸畑近郊の人のライフスタイルに寄り添う寿司屋だったんです。

結納を照寿司で行って、中には照寿司で結婚式をする人もいました。子どもが生まれたら、お食い初めを照寿司で行い、七五三、入学祝、成人式と、人生の節目に関するイベントを全部照寿司でしてくれる家もたくさんありました。

で、またその子どもが結婚をして、途中にお葬式とか法事をはさみつつ、ライフイベントはすべて照寿司でというサイクルです。

ビルの2階には60名が入る広いお座敷があったので、店舗と出前だけやっているという、地元の小さい寿司屋とはちょっと違う営業スタイルだったと思います。

冠婚葬祭を全部、一店舗でやるような。本当にその土地に住んでいる人の人生に寄り添う寿司屋だったんです。

そうやって地元の人たちに支えられた照寿司があったからこそ、今こうして僕が「世界一有名な寿司屋」にすることができたわけで、地元のお客様たちへの感謝の気持ちでいっぱいです。

まだこの形になってから地元にはなかなか恩返しができていません。このことについては、後の章でも詳しくお話ししますが、今後は地元の方々と、より接点が持てるようなお店にしたいとも考えています。

戸畑というコンプレックス

一方で、自分の中では、戸畑という九州の片隅に照寿司があったからこそそのコンプレックスはとても大きいんです。

それは、自分は「何者でもない」というコンプレックスです。

田舎の寿司屋の三代目として生まれただけの「何者でもない」自分。その自分が、この店をどうしたらいいいんだ？　ずっとそのことを考えていたように思います。

そして振り返ってみるとその「何者でもない」という自分の中のコンプレックスが、照寿司をここまでにする原動力だったのではないかと思います。

寿司といえば江戸前です。それは正論ですが、では東京の寿司屋以外は寿司屋ではないのか？　本物ではないのか？　自分が握っているものは何なんだ？　自分自身は何なんだ？

若い頃の僕は、父親によく言ってたんです。「なんでうちは戸畑にあるんだよ！」「なんでカウンターにお客さんが来ないんだよ！」って。

しかしそれって単純なことで、自分が戸畑にお客様を呼べなかっただけのことなんですよね。

自分の実力不足でした。

自分の哲学があれば、場所なんか関係ない。自分が作り出した空間で、自分にしか握れないオリジナリティのある寿司を体験してもらえばいい。そう思えるようになって、このコンプレックスも吹き飛びました。逆説的ですが、そう思えるようになるためにはこのコンプレックスが必要だったのです。

煮えたぎる思い

第2章でお話ししていますが、それまでの自分の人生って、割とレールに乗ってきた人生だったんです。流されるままというか、特にそこから逃げ出すこともしなければ、疑問を感じることもなかった。

そしてこれもまたあまり疑問を感じずに、家業の寿司屋を継ごうとしたわけです。

そうしているうちに戸畑に店があることがきっかけで、何かが自分の中で煮えたぎってきたんです。

多分今までためていたものが一気に爆発したのです。戸畑のいち寿司屋の三代目でいいのか、単に祖母や両親が築いた家業の上に甘んじるだけでいいのか、って。

それからは試行錯誤の連続です。もちろん自分の店だったのでいろいろと工夫できる自由度が高い環境というのもありました。ただ、その自由度が高い分、自分は「まだまだ」っていう、そのギャップも大きくて。第3章以降でお話ししますが、いろいろやってはいるけど結果が出ない。

例えば、売れないのに、値の張る食材をたくさん仕入れてしまい、またそれが経営を圧迫して親子げんかになる、とか。

しばらくは苦しい時期が続きました。

でも2014年に世界的に有名な飲食店ガイド本に少しだけ紹介されて。そこからです、創意工夫と結果が結びついて全体がいい方向に動き出したのは。

載った時は本当に本当に嬉しくて、泣きました。その時は何者でもない自分が100%だったので、その反動が大きかったのだと思います。

２　ＳＮＳとうまくリンクしたこと

Facebook、Instagram の功績

照寿司が世界一有名な寿司屋になれたのには、ＳＮＳの存在がとても大きい。この話もあとで詳しく書きますが、僕が Facebook を始めたのは２０１２年です。

その頃は、まだカウンターも今のような形に改装をしておらず、どうやら最近 Facebook なるものが世界で流行っているらしい、ということで、何も考えずに仕入れた魚やお酒の写真をあげたりしていました。最初の投稿には「いいね！」が２つ、ついたのを今でも覚えています。

それが今では Facebook や Instagram を見て世界中からお客様が来てくれています。２０１５、２０１６年あたりから、照寿司に来てくれたお客様が、照寿司をタグ付けしてくれるようになったのです。最初は何だか気恥ずかしい

気持もありましたが、次第にそれもなくなり、いつしかFacebookにあげるのは食材の写真から自分の顔になっていきました。

うまく時代のツールを利用したといいますか。

でも集客をするために何か新しいツールや仕組みが出てきたのなら、とりあえずやってみた方がいいというのが僕の考えです。

照寿司も最初はFacebookだけでしたが、そのうちInstagramなるものが出てきて、FacebookよりもInstagramに写真をあげるようになってから爆発的に人気が出ました。

照寿司の寿司が自分の顔と一緒に一枚の画角に収まったことにより、いわゆる写真「映え」したことと、Instagramがほぼ写真だけで見せる形態のSNSだということがうまくリンクしたからです。

今では照寿司のInstagramの写真を見て、世界中からお客様が来てくれていますし、逆に日本中、世界中のさまざまな著名人、お寿司屋さんから子どもまでが、僕のあのポーズをまねた写真を撮ってInstagramにあげています。

照寿司はファンビジネス

照寿司のお客様のほとんどが初めての方です。みなさん世界中からInstagramを見て僕に会いに来てくれます。

もちろんお寿司も食べてみたいけど写真も撮りたい、そんなお客様がほとんどです。

ですから、8人での貸切のお客様がいらしたとしたら、1人が代表して写真を撮ればいいのではないんです。全員それぞれが自分のスマホで撮りたい。全員が思い出として自分のスマホに写真を残したい。あとからLINEで共有ではダメなんです。

僕が寿司を出してるのをみんな撮りたいんです。ですから、僕もお客様一人一人が自分の席で写真をしっかり撮れるように、ゆっくりポーズをとりながらお客様の手の平に寿司を置いていきます。

こうなるともうお客様が体験するショーです。Facebookを始めたころから比べると、そんな時代が来たことに、本当に自分でもびっくりしています。

8年前にガラケーからスマホに変えたタイミングでFacebookを始めて、約3年半、5年前からInstagramを始めました。5年前というのは徐々にInstagramが流行りだした頃です。Instagramの流行とともに、照寿司も一気に駆け上がったと言っていいと思います。

それまで、世界中のどこを探してもこんな寿司屋がなかったので、本当にタイミングが良かったのではないでしょうか。

3　照寿司＝渡邉貴義というキャラクター作りが成功したこと

照寿司＝渡邉貴義

今、僕のことを見て、本名の渡邉貴義を気にする人はほとんどいません。みなさん僕のことを照寿司と言います。

つまり照寿司と渡邉貴義は同意語なのです。ほとんどの有名店では店名に価値がありますが、僕の場合は、売れ方が違っていて僕自身に価値があるのです。

僕自身が照寿司なので、極端な話、僕の名前は必要ないとも言えます。

僕自身も自分のお店のことを、必ず「照寿司」と言います。「うちの店は」とは決して言いません。それぐらい照寿司が好きだから。「照寿司はね」って。照寿司はある意味、僕の別の人格なんです。


今のように店をカウンターだけにしたのは2016年なのですが、その頃はネクタイをしめて眼鏡をかけて帽子もかぶっていました。

寿司をお客様のお皿に置く時も、今のようにポーズをとる形ではなく、普通に置いていていました。

第3章で詳しくお話ししますが、ネクタイをやめたり、眼鏡をやめたり、寿司の出し方を変えることで、徐々に照寿司というブランドが完成していきました。

４　劇場型という新しい形の寿司屋を創造したこと

寿司オペラの誕生

店はカウンター8席のみ。2時間でおまかせのおつまみと寿司をお出しする照寿司のこのやり方を、僕は自分で寿司オペラと呼んでいます。

照寿司のやり方は、例えば、決して寿司歌舞伎とかと呼ばれるようなものではないんです。

寿司と歌舞伎って、どちらも日本のもの。日本の伝統的なものをかけあわせています。しかし照寿司の寿司は革新的なもの。伝統的なもののかけあわせではないのです。それで、寿司とオペラをかけあわせてみたらどうだろう？　と。世界中に通ずる言葉にならないだろうか？　ということで寿司オペラという言葉を作りました。

来ていただければ分かるのですが、照寿司で体験していただく2時間は、まさに壮大なスケールの体験なんです。それは劇場でオペラや舞台を観るのと同じ感覚です。

だからこそ世界中からお客様がわざわざ戸畑まで来てくださるわけです。

寿司を通じて体験を売る

つまり照寿司は、体験を売る寿司屋なんです。それは新しい飲食の形でもあるってことなんですが。

結局、照寿司は地方にあっても、世界一有名な寿司屋になれたわけですけれど、そもそも地方って発信するチャンネルすら与えられていない。ジャーナリズムも育っていないし、中央のメディアに出ることもなかなか叶いません。

これは本当に声を大にして言いたいことなのですが、地方のことって、よほどのことでないと中央のメディアに取り上げてもらえないんです。本当に発言

建て替える前の店舗。１階がカウンターと厨房、２階にはお座敷があり、そのさらに奥に住居が。「割と奥に長い建物でしたね。いつもカウンターを通って出入りしていたのを覚えています」。

力がない。
でもそこに甘んじていたら地方の店はどんどん発信力を失ってしまう。

特に日本中の寿司屋は江戸前を目標にしています。私もそうでした。でも海外からのお客様に言わせると、伝統を大切にしている名店は、プリズン寿司だと。プリズン、つまり牢屋に入れられているみたいな感じで、寿司が出てくると。なぜ俺たちは、緊張感のある空間や張り詰めた空気の中で、寿司を食わないといけないんだと、伝統的な名店で寿司を食べた世界中の人が口をそろえて言うわけです。例えば、ラテン系のブラジル人などに言わせると、どうして寿司屋がしーんとしているのかが分からない、と。彼らはワクワクしながら食事を楽しみたいのです。

でも照寿司は違います。
もちろん写真を撮ってもＯＫですし、ショーを楽しむ感じでお寿司を楽しめる店なんです。そして思い出も作っていただける。だから照寿司は、劇場型寿司、体験型寿司とも言えるのです。

そして２０２０年のコロナ禍を経験して照寿司はさらに強くなりました。今の照寿司は、劇場型の寿司からお客様と照寿司との冒険、「寿司アドベンチャー」とも言えるものを目指して変化を遂げつつあります。

第2章

寿司屋より柔道の道へ

父親から酢の匂い

小さい頃、一番記憶に残ってるのは、父親と寝ていた時の記憶です。父親の手からはいつも酢の匂いがしていました。

3歳とか4歳の頃のことだと思います。本当に覚えてないぐらい小さい時の記憶です。

生まれた時から、家業は寿司屋。おやじも寿司職人。職人さんたちがいつも何人もいて、彼らとは食事も一緒でした。

今は住まいと店舗は別ですが、当時はお店の奥に自宅があって。学校から帰ってきたら、カウンターにいるお客さまのうしろを、ランドセルをしょって通って自宅に、みたいな感じでした。

そんな環境で育ったので、何となくいつかお店を継ぐんだろうなとは思っていましたが、小さい頃は、どちらかというと経営者になりたい、オーナーになりたいと思っていたのを覚えています。単純に「社長」っていうのになりたかったのです。

小学1年生の入学式。「この頃はほっそりしていました。のれんの文字も、以前のものです」。

父親は寿司屋といいながら経営者でもありました。つまり、寿司職人であり、お店を大きくするオーナーシェフといいますか。そんな父の姿を見ていて寿司屋よりもそこに憧れがあったんじゃないかと。小学校の文集とかの将来の夢には、社長って書いてました。

今とあまり変わらないですけど、小学校の時は、本当にお調子者で。クラスの中に必ず一人か二人はいる、先生をちゃかしたり、授業中に面白いことを言ったりする子どもでした。

あとは手先が器用で、絵を描いたり工作をしたり、小学校の図工も得意でしたし、家でプラモデルを作るのも好きでした。基本的にやんちゃではあったけれど、集中すると打って変わって静かな子どもだったと思います。

プラモデルは、自分のお小遣いで買っていたのですが、値段が高くて自分では買えないようなものがある時には親に買ってもらいたい。そのためには親と交渉しなくてはなりません。どうしたら親を説得できるか、そのプロセスを考えるのが割と得意な子どもでもありました。

このプロセスを考えるのが好き、というのはどうしたら照寿司が今みたいになれるか、今から10年前に考えていたことに通じているかもしれません。

息を吸うように寿司屋

気がついたら自分の家が寿司屋さんだったというのは、今の照寿司の成功には大きく影響しています。

寿司屋になりたくてなったというよりは、生まれながらに寿司屋だった。だから「ナチュラルボーン寿司屋」なんです。

上京して寿司屋になりたいとか、そういうのではなくて、もう気が付いたら寿司屋の息子。たぶん修業してる人たちと違うのは、もう当たり前に息を吸うように寿司屋の在り方がしみついているといいますか。当時は、職人さんたちと僕たち家族は、寝る場所はさすがに違うものの、食事は一緒だったりしたので、肌で寿司職人の世界を感じとっていたのだと思います。

だからこそ、例えば辛いことも、寿司屋の息子だからしょうがねえな、って思ってやってこれたんだと思います。

例えば、土日が休みではないのもしょうがない。

子どもの頃は家族で土日にでかけたことなんかなかったし、自分が働くようになってからだって、土日に休んだことはありません。

もう当たり前の刷り込みでそうなってしまっています。


それから子どもの頃は、家が寿司屋だと言うと、よく「いつもご飯にお寿司が食べられるからいいね」って言われました。「家では寿司食べないけどね」っていつも答えていましたけど。寿司は商品であって、ご飯ではないんです。もちろん魚も食べますけど、毎日魚に接しているので、家では割と肉を食べることの方が多いんです。

正直に言って、毎日魚と接しているから、そんなに魚好きでもないんです。

とはいえ、やはり家の食事には魚が出てくる。それが辛いところです。ですから小さい頃から外食というと、中華料理や焼肉でした。

柔道でオリンピックに行きたかった

中学では柔道部に入部したんですが、そこから大学まではずっと柔道一直線。社長になりたい、とか言っていた夢もどっかに行ってしまっていました。入学してすぐの頃、友達が柔道部に入るというので、「じゃあ俺も」くらいの軽い気持ちだったんですけど、意外と強くて。小学校の頃から体格がよかったのでそれも影響していたと思います。

割とのめり込みやすいタイプなので、練習とかもあまり苦にならない。中学時代は一生懸命、筋トレと柔道に打ち込みました。筋トレで自分を強くするのが面白くて、のめり込んでいった感じです。ちなみに勉強はあまりできる方ではありませんでした（笑）。

戸畑の地区大会で優勝したりして、当時は「俺、このままオリンピックに行けるんじゃね?」と本気で思っていました。まさに今考えると「井の中の蛙大海を知らず」でした。

高校は宗像市にある東海大の付属高に柔道の推薦で入学。ここは全国的にも有名な柔道の強豪校で、入学したら上には上がいるんだってことを思い知らされました。

結局3年間、自分は補欠だったんですけれど、学校としては全国大会の団体戦で準優勝をしたり、個人戦では優勝した同級生もいました。

言い訳ではないですが、1番2番になるにも、練習相手が必要。自分は補欠でしたけれど、自分がその優勝した同級生の練習相手になったぞ、という誇りはあります。

高校は全寮制だったので、最初は寂しかったですけど、仲間というコミュニティーの中で生活する、ということにすぐに慣れた記憶があります。それはそれで楽しいものがあったんだと思います。当時からコミュニケーション能力は

中学の入学式のとき。以前の店舗の前にて。「ちょっとぽっちゃりめ。小学５年生くらいからこんな感じでした。柔道を始める前ですね。本当にただの寿司屋の息子でした」。

高いほうでした。

とにかく柔道一色の高校生活でした。上下関係が厳しかったり、練習がきつかったり、今では考えられないようないじめもあって。

とはいえ、割と人懐っこい性格というか、お調子者だったのもあって、みんなにかわいがられるとか、そういう感じの立ち位置でもありました。


本当に練習がきつかったんですけど、不思議とやめようと思ったことは一度もありませんでした。補欠だったので、そんなに柔道も強かったわけでもなかったんですが、一度乗ったレールからは外れられない、という生真面目なところがあったりして。

あとは周囲もみんな頑張っているから、俺も頑張らなくちゃ、みたいな意識はあったと思います。寮で生活していると、そういう仲間意識みたいなものが強く育つのです。

大学でも柔道を

大学もその流れで、推薦で国際武道大学に進みました。ここは全国で10本の指には入るくらい柔道の強い大学です。千葉県の勝浦市にあって、大学では一人暮らしをしていました。

柔道部だけで部員が３００人ぐらいいるんです。1年から3年までで。ですから、同学年が柔道部に１００人ぐらいいるという状況です。でも結局、４年の最後まで残って卒業するのは半分以下なんです。

ここももちろん練習はきつくて。ですから、途中で柔道部をやめてしまうのはもちろん、大学もやめてしまう同級生も多かったです。

柔道部をやめてしまうと、柔道をするために大学に来ているので、居場所がないというか、どうしていいか分からなくて結局大学もやめてしまうというパターンです。

九州からいきなり千葉県の勝浦という陸の孤島みたいな場所に行って、最初はすごくさみしかったです。

風呂とトイレは共同の、六畳一間の何もないアパートの部屋で、最初は布団しかなくて。さすがにこれは今まで誰にも言ってないんですけど、あまりに侘しくて「お母さん……」って泣いてしまいました。


同級生たちが柔道や大学をやめていく中で、柔道も続けて大学もやめなかったのは、柔道が好き、というよりは、柔道に付随するもの、例えばトレーニングとかが好きだったのかなと思います。

練習やだな、とかってあまり思わないタイプ。トレーニングなどが苦にならない。これをやれば強くなる、というのが分かっている。だったらやらないよりやった方がいい、って考えるタイプです。

きっと、強くなるまでの過程が好きなんです。

ですから、ゲームでもロールプレイングゲームとかシミュレーションのゲームが好きです。強くなる過程、そのプロセスが好きなんです。ロールプレイングゲームだったら、最初の町でレベルをめちゃくちゃ上げておいてから進むとか、そんなイメージです。

この何事も過程が好き、というのは今の仕事でもそうで、お客さまを集客するにはどうしたらいいか、魚はどうしたらいいか、どんな寿司を出したらいいか、道具をどうしたらいいか。そういうあらゆる面において工夫をしたり考えたりすることが好きということに通じていると思います。

就職はどうする？

大学４年間、柔道漬けの生活で将来についてはほとんど何も考えていませんでした。

４年の春まで柔道の大会があって、引退して、大学を卒業したあと、さあどうしようか、と考えました。まず大学のあった千葉や東京で就職する気は全然ありませんでした。

では九州に戻ってどうしようか、と考えたときに、思い浮かんだのが、当時は地元企業だったロイヤルホストにまずは就職して、そこで少し経験を積んで店長にでもなれたら、家を継いで経営者になればいいかなと。安易ですよね。中学からずっと柔道をやってきて、柔道はもういいかなという思いもありました。

野球選手とかサッカー選手は、プロになれば、契約金だけで数億円もらえたりしますが、柔道はそもそもそういうシステムになっておらず、スポンサーなんかもほとんど存在していません。オリンピックでもメダルをたくさん取っているのに、華々しくないし、本当に地味な存在です。柔道ってお金にならないスポーツなんです。

10年間、柔道をやってきましたが、とりあえず九州に戻ろうと。どこかで寿司屋を継がないと、という思いもありました。

そうこうしているうちに、父親が地元のホテルの和食店を就職先に決めてきました。場所は戸畑の自宅から車で30分ぐらい。それで、そのままそこに何も考えずに、就職することに決めました。

社員なのに社員ではないみたいな準社員という雇用形態で、時給は690円でした。後に妻になる、当時付き合っていた彼女も地元にいたし、地元に帰れるからいいや、とあっさりそこに就職をしました。

高校や大学を決める時もそうでしたが、割と既定路線に乗っかっているのは嫌ではないんです。

柔道なんかやってられない、と高校をやめてしまうとか、大学をやめて東京に出てしまうとか、いろいろなところでいろいろな選択肢があったと思うんです。しかし自分で言うのも何ですが、素直というか、意外と踏み外さないで、そこで頑張って次に進むタイプなんです。

父親としても、いきなり自分の店に息子を就職させるのではなくて、地元の他の店でまずは修業してこい、ってことだったのだと思います。

父親からは「いつか継いでほしい」などと言われたことは一度もないです。きっと「どうせ継ぐんだろ」とは思っていただろうし、僕自身も継ぐのが当たり前という風には考えていました。それもよく考えたら既定路線ですよね。

就職先でいじめにあう

父親の取引先とまではいかないですけれど、紹介で入ったこのホテルの和食店では本当にひどいいじめにあいました。

妬みなんだと思いますが、自分は地元でそこそこ大きな寿司屋の息子なわけです。一方で、他の人たちは、寿司屋の息子でもないし、飲食店の息子でもない。「どうせお前は実家継ぐんだろう」「今は単なる腰かけだろう」みたいに思われているんだろうなという雰囲気はありました。

今の時代では信じられないような陰湿ないじめでした。それは言葉でも行動でも。言葉でのいじめもひどかったですが、行動だったら修業という名で暴力を振るうとか。逆に一切自分に何もさせない、といったようないじめもありました。

こちらは柔道をやってきていますし、当時は筋肉ムキムキだったんです。その気になれば簡単に反撃できたのですが、そのホテル自体が照寿司の取引先でもありますし、そこはぐっと耐えました。

向こうも、柔道をやっていたガタイのでかいやつが入ってきて怖かったんだと思います。力では絶対勝てない、だから自分たちを守るために、攻撃をしてくる。ガタイがでかいのも、そういうときは損ですよね。

さらに自分が一番耐えられなかったのが、年下の先輩にタメ口で話されることでした。高卒の人たちは自分より年下ですけど、和食店では先輩になるわけです。

とはいえ、自分のいた柔道の世界では学年による上下関係は絶対。そのタメ口を受け入れるのはもちろんですが、自分はその先輩たちに敬語で話さなければならない。それがもう本当に嫌でした。

大学まで行って、ぽっと地元に帰ってきて就職をした、世間知らずの自分を痛感しました。かなり非常識な扱いを受けましたが、ここは耐えるところだ、と自分に言い聞かせていました。

これに耐えることができたのは、本当に柔道のおかげです。ありがたいことですが、柔道のおかげでぐっと耐えることができました。10年間柔道をやってきて、柔道で得たことって礼節とか、道とかですね。

結局ここは2年半で辞めました。

そこの和食店で一番偉い人、つまり総料理長には割とかわいがられていたのですが、直接の上司との折り合いが本当に悪くて。

その総料理長に「もう辞めます」と伝えたら、その人がまた優しい人で、次の就職先を探してきてくれたのです。

その総料理長からは、料理の何たるかを教わりました。

例えばタオルの畳み方とか箸の置き方使い方とか、そういったことからです。当時、その人は40代後半くらいだったと思いますが、毎朝、車で迎えに行ったり、一緒に帰ったりして。親子ではないですが、違った意味で、この業界のいろはを教えてくれた人です。

27歳で照寿司に帰る

その総料理長が探してきてくれたのが別のホテルの和食部門でした。このホテルは、大きな婚礼場があって、週末は１０００人分の料理を用意したりするようなところだったのです。

ここの和食部門は、そこそこ開けた風潮のところだったので、僕のような半人前でも、割と何でもやらせてもらえて、料理のことはもちろん、仕事の段取りなどもいろいろ学ばせていただきました。

１０００人分の料理を用意するって本当に大変なんです。刺身一つをとっても、まずは１０００人分の魚をおろす必要があります。特に、土日が忙しいので、土曜日の夜とかには翌日のふぐ刺しを夜11時から準備したり。

この頃には彼女と結婚していましたが、3時4時の帰宅は当たり前。タイムカードなんかないですし、ものすごいブラックな働き方でした。でも魚をおろしたり、てんぷらを揚げたり、それこそ寿司も握らせてもらえたりして、和食の基本はここで学びました。

さらに量の多い仕事をどうマネジメントするか。計画や段取りの方法、先の先まで読む仕事のやり方をここでは学びました。それはこの後に帰った照寿司で役に立ったと思います。


この頃になると、寿司は家でも練習をしたりしていましたが、まだ継ぐ気はなくて。もうちょっと一人前になったらかな、と漠然と考えている程度でした。でもここの和食店に就職して1年半くらいで、照寿司の配達の人が辞めることになって、突然、照寿司に戻ることになったのです。

それが27歳の時です。

第3章

何者でもない自分からの脱却

照寿司に戻る

大学卒業後、父の口利きで地元のホテルの和食店に就職し、その後もう1店を経て、実家に戻ったわけですが、父親には明確に「帰って来い」と言われたわけではありませんでした。

たまたま店の配達員が突然やめてしまって、その代わりをするために戻ったのです。

そして配達や営業を2年ほど担当しました。

配達は、ご家庭やちょっとした冠婚葬祭用の仕出しを届けるのはもちろんですが、当時、照寿司は、ホテルの立食パーティ用の寿司の仕出しなども請け負っていて。そういうときの寿司の注文ってものすごい量。ですので、お店で寿司職人が握ったものをホテルなどに配達していくのを担当していました。そしてこういう仕出しでの売上が、当時の照寿司の売上のかなりの部分を占めていました。

営業というのは新規開拓とかそういうことではなく、いつも注文を受けてい

照寿司の名を世に広める一因ともなった高級魚「クエ」を手に。写真は 20kgくらいのもので、1kgあたり１万円以上するものも。「クエは可食部が意外と少なくて、これくらいでも 8kg くらいしか取れません。25kg のクエが持てなくなったら引退するつもりです（笑）」。

るホテルや催事場との連絡係といいますか、窓口担当みたいな感じです。「来月の○○のイベントのときには何人前必要ですか？」「また来月もよろしくお願いします」みたいな。

当時の照寿司は父が経営者、母がお女将さんで、寿司職人、板前が6人、和食担当が1人、配達が自分を含めて3人、あとはパートやアルバイトが10人、という大所帯で回っていました。

照寿司をここまで大きくしたのは父親の力です。父親はもちろん自分でも握ることができるのですが、当時はほとんど現場に立つことはありませんでした。

当時は朝10時から夜20時までが営業時間でお昼休憩などはなし。その代わり夜は早い時間に終わっていました。仕出しでは稲荷寿司1200個とか、途方もないくらいの量の注文が入ったりします。そういうときは、職人は、ずっと寿司を握っていました。早い時は、朝6時から出たりすることもあるのです。

そうこうしてるうちに今度は、職人が一人辞めたんです。そしたら、僕がそこに入れと言われました。すごく嫌だったのを今でも覚えています。

その頃は、当然ですが父親が絶対的な権力を持っていたので、それには逆らえない。むしろそれまでは2年も配達兼営業で、もう自分はもう握らなくていいのではないかなぁと本気で思っていました。

経営者にはなりたいけれど、寿司を握らずにすむならそれはそれでOKと思っていたのです。父は、僕に握らせようというそぶりも見せませんし。

ですからその時は「あ、俺、握らなくてはならないんだ」と思いましたが、父の息がかかった職人たちの中に自分がぽっと入るというのは本当に嫌でした。

職人たちからは「なに、こいつ。息子でしょ」というプレッシャーを常に感じていたので、調理場に入ったら入ったでそれをさらに感じるに決まっています。最初に就職した和食店もそうですが、どこに行ってもそんな立場なんです。

寿司屋の息子って。

当時、父は40代後半。僕自身は早く跡を継いで社長になりたいと、その頃すでに思っていましたけど、よく考えたら経験もほとんどないただの若造です。自分が経営者だったとしても、そんな青二才に任せるはずがありません。父親はきっと僕のことを「ぬるい」「まだまだ」と思っていたと思います。もちろん僕自身も、今に比べれば全くやる気も足りていなかったですし、実力不足でした。

でも、別にだからといって父親は僕に対して、小言を言うとかすごく厳しく何かを言う訳でもなかったんです。

ただ照寿司のやり方について、すごく衝突はしていたと思います。それは僕が正式に三代目として照寿司を継ぐまで続いたのですが、その衝突はこの頃から始まっていました。

見栄を張る

今振り返ってみると、結局、僕も悪かったのですけれど、従業員の前で、自分が両親に対して「親子の感じ」を出してしまっていたんです。それも両親からしたら嫌なことだったと思います。

他の従業員なら言えないようなキツイことでも、息子だから言えてしまいますよね。それを他の従業員の前でも言っていたのです。

それって結局、僕自身が自分に自信がないから、何者でもないから、という気持ちが働いているってことだったのです。

他の従業員は言えないことでも自分は言えるんだ、みたいな。それって本当にただの虚勢です。今思うと、当時の従業員に対してもいろいろな虚勢を張っていました。

カウンターや調理場に入っても、やっぱり「お前、照寿司の息子っていうだけで技術も何もないじゃん」って常に思われていることを感じている、職人たちに舐められているのがわかっている。

だからこそ、社長である父親に厳しいことを言うことで自分を大きく見せようという。舐められてる自分が自分でも嫌だから、そういうのを見せて、周囲にあっと思わせたいという心理が働いていました。本当にずるい人間だったと今は思います。

その頃は、本当に何もできなかったけれど、寿司職人見習いとして何とかカウンターにちょろちょろ出るようになりました。刺し身ぐらいしか切れないけど、ちょろちょろとカウンターにいるという……。

周りからは本当に鬱陶しい存在だったと思います。


ただ、そんな中で、周りに白い目で見られながら自分なりに照寿司の問題点みたいなものは感じるようになっていました。それは、息子だからこそ分かること、他で働いたからこそわかることだったように思います。

例えば職人たちの中で、今日誰がカウンターに入るかを決めなければなりません。日々の業務の中で、カウンターに入る人が2人、裏の調理場で魚をさばいたり、シャリの準備をしたり、巻物を作ったりする人が3人と大体人数と役割が決まっていました。普通の店舗だとそれはローテーションを組んであるとか、その日の予約の状況に応じて分担が決まっているなど、ある程度のルール化がされているものだと思うのですが、当時の照寿司は違っていました。

どうしていたかというと、その日の役割を職人みんなでじゃんけんで決めていたんです。

板場に入ってそういったことを知ったときに、もう何だそれ？　と思いました。ずいぶん舐めたやり方をいろいろしているなと。この人たちって本当に照寿司のことを愛してないなと感じました。

当時の照寿司は従業員が多かっただけに、父に統率力がなかったのです。職人たちにも、ただ仕事を与えていただけ。事業として中期の計画もない、ただ寿司が売れればいい、それだけのスタンスだったと思います。

もう俺が全部を仕切って決めてしまいたい、とも考えましたけど、当時はまだ技術も人望も全然そこに至っていない。ですから、結局そういうふうにしてしまった父親が悪い、っていうことで父親に文句を言うわけです。

このままではいけない、とは思うのですが、何もできていない、売上的には何の成果も出していない。どうしたらいいんだろう、ってずっと思い続けていて、それはつい最近まで続いていました。

実力はないのに、感覚だけはすでに経営者だったのです。

寿司を握り始める

もちろん小さい頃から、父親や職人が握るのは当たり前のように目にしていましたし、働いていたホテルの和食部門では、寿司も握っていました。ですから、全く握れたり巻いたり出来ないというわけではない状態で照寿司に戻ったのです。ちなみに調理師免許も、この間に取得しています。

とはいえ、照寿司で本格的に握りだしたのは、配達兼営業を経て、カウンターに入るようになって3年くらい経ってからです。

職人たちが父親の息がかかった人間ばかりだったとは言っても、そうでもない人、フラットな人もいるわけです。「そういうのに俺は関係ねぇ」「興味ない」っていうような。

照寿司は、父親がまだ握っていた昭和60年代のころに、たまたま東京の銀座で握っていた職人が入ってきまして。銀座に魚治という100年続いた老舗の寿司屋があったのですが、彼はそこ出身で、年齢も父親より年上でした。

彼はもちろん照寿司の従業員でしたが、父にとっては師匠みたいな感じで、照寿司の寿司には、彼の影響が色濃く残っています。その人は、もう亡くなってしまっているんですけれど。

その銀座の魚治は今も、魚治はら田という名前で銀座にあります。そこの主人、原田さんは小倉出身で、彼も若い頃、照寿司でこの人の元で修行をしていました。当時僕はまだ10代で、彼にかわいがってもらった記憶があります。

しかも原田さんは、この師匠の口利きで上京して魚治で働くことになったのです。

この師匠のように、そうやって照寿司に長く留まっている人はまれで、昔から割と長く定着する板前があまりいなくて、その時々に店にいる職人から技術を教えてもらっていました。それこそ九州の小さな町の寿司屋ですから、江戸前から何からいろいろな流れの技術を教わることができたのは、今思うといい経験だったと思います。

地方の寿司屋

素材に関しては、地元のそこそこの食材を使うような寿司屋だったのですが、自分に知識もないからそこは何も疑問を抱くこともありませんでした。当時はそれが当たり前だと思っていたので、何か他にいい食材がないだろうか？　とかいい仕入れ先がほかにないか調べてみようか？　ってことをしようとしなかったのです。

　これが寿司屋なんだ、って。完全に自分のお店しか知らない、自分のお店が全てで他を知らないという、本当に井の中の蛙でした。

　悲しいかな、それが田舎の寿司屋の現実ですよね。東京とか関西とかまだ小倉にお店があったら、いろいろな寿司屋を食べ歩いたと思うんですが、そういうこともしなかった。田舎であればあるほど、寿司屋って孤独なのではないでしょうか。


　その頃はもちろん、自分も修業中だから、取りあえずは一人前にならなくては、という焦りのような気持ちも常に抱えていましたし。まだ一人前になれていない自分、でも目の前にいつか自分が継ぐであろう照寿司が存在していて問題点も見えている。

　いろいろ気になる点はあるのに、そこを改善するために何か行動を起こすこともできない、という悶々とした思いを抱えていました。そのときでもう30歳です。

正直、まだ何者でもない自暴自棄な自分がそこにいました。この状態が4〜5年は続きました。

地元の魚屋さんとの出会い

本当に何者でもない自分、というのはずっと僕の中でのテーマというか葛藤でした。生まれたときから寿司屋の息子で、既定路線を歩むことに疑問を感じずに、30歳手前で継ぐべき寿司屋に戻ってきたのに何もできない。

本当にこれから自分はどうしたらいいんだろう？　って悶々としていました。それが、どうして変われたのか、今のようになったかというポイントは、何点かあるのですが、その最初の重要なターニングポイントが、とある魚屋さんとの出会いです。

当時、経営は父の担当で自分は寿司屋の営業時間にカウンターに入る、もしくは裏の調理場を担当する。そんな毎日でした。

30歳で板前としてカウンターに入るようになってからは、次第にカウンターの中を仕切らせてもらうようにはなってきていました。35歳くらいになると、カウンター分の翌日のネタの仕入れを決めたり、顧客管理をしたり。そういう仕事も自分の役目になってきていました。

とはいえ経営に携わっているわけではありません。だから時間がたくさんあったのです。

正直かなり時間に余裕もあったので、国の外郭団体の食品衛生協会という協会に入会して食品衛生指導員というのになりました。

衛生管理自体にはさほど興味もなかったんですが、寿司屋は衛生管理も大事ですから、そういうことをやっておけば将来何かの役に立つかな？　と、それくらいの気持ちでした。

その協会の活動の一環で、指導員として地元の魚屋さんやお料理屋さんの管理状態をチェックしに行くという仕事がありました。それでたまたま訪れたのが、昔から戸畑にあった梅吉丸という魚屋さんです。

その時、たまたま本当に抜群に鮮度のいい関サバを初めて見たんですけど、こんな魚があるんだ、ってその鮮度にまずびっくりして、それからそれまで見たこともないとんでもない大きさの車海老やトリ貝、赤貝にも驚きました。

その日は食品衛生協会の指導員という立場で訪問していましたから、すぐその翌日に、改めて照寿司として魚を買いに行きました。そこから今までずっと取引をさせてもらっています。

門司と鹿児島を結んでいる日豊本線というローカル線を使って、昔、大分の中津のおばあちゃんたちが冷蔵庫代わりのカンカンを背負って小倉まで魚を売りに行くという、それこそ行商みたいなことをしていた、その名残で戸畑に大分の海で獲れた魚を扱うお店、梅吉丸があったのです。

当時は、今でも母ちゃんと呼んでいる、店主のおばあちゃんから買っていたんですが、今はそのおばあちゃんと息子とが店を切り盛りしています。本当に地元の海で獲れた新鮮で質のいい魚ばかりを扱っていて、彼らとの出会いを含め、戸畑でも豊前海や大分のこんな素晴らしい魚が買えるんだと思ったのが、今の照寿司ができる転機でした。

恥ずかしながら、同じ戸畑に住んで寿司屋をやっていても、それまで梅吉丸の存在を知らなかったのです。

照寿司は地方の大箱店。ネタはそれなりの地元の食材を中心に扱っていたし、そういったネタのほとんどは地元の市場で、大きな魚屋さんを仲介して仕入れてきます。

小さな魚屋さんには全く目が向いていなかったといいますか、そういう魚屋さんから自分のところのネタを仕入れてもいいんだという頭さえありませんでした。

本当に何も知らずに手探りの状況下で修業先の他店舗から照寿司に帰ってきて、今までどおりのところからネタを買えばいいと思っていました。自分が動こうと思えば動くことが出来る、そもそも動いてもいいってことにさえ気が付いていなかったのです。

梅吉丸との出会いから自分の中でスイッチが入りました。そこから地元の食材探しや、寿司そのものに関する勉強、とにかく寿司にまつわることを吸収することにのめり込み始めました。それが35歳くらいのときのことです。

本を通じて寿司を学ぶ

梅吉丸と出会って、戸畑でもこんな魚が扱えるんだったら、もっといい寿司を握れるんじゃないかなと、寿司に関するあらゆる勉強を始めました。生まれて初めて自分から動いたと言ってもいいかもしれません。

新鮮なネタを仕入れることができる漁師さんや魚屋さんを探すのももちろんですが、同時並行で、寿司を特集した書籍や雑誌を読み漁ったり、お酒に関しても勉強を始めました。

そこは寿司屋に生まれたので環境的には恵まれていたと思います。幸い自宅には父親が集めていた寿司関係、料理関係の本がたくさんあったので、それらを読み漁りました。

例えば、日本の文化を取り上げる雑誌で寿司のことが特集された号を、もうボロボロになるくらい読み込んだり。今思うと、考えられないくらいの名店が惜しげもなく取り上げられていました。

もちろん自分でも買って読みました。

先人の知見、寿司の歴史、哲学、技術……。すきやばし次郎の次郎さんの本なども読んだりして、そういった本から、寿司の歴史、寿司とは何か、寿司のフィロソフィー、といったものを学びました。

寿司屋の息子に生まれて、身近にそれこそ現実の寿司屋は存在していたけれど、寿司って何なんだ？　ってことは誰も教えてくれなかったわけです。もちろん自分から誰かに教えを請いに行くこともなかった。

この時に初めて寿司について主体的に学ぶことを始めたのです。

もちろん本や雑誌に載っている寿司を食べたことはありません。文章で知ったという感じです。ちょっとそこは人と違っているかもしれません。想像することで逆に学べたと言えるかもしれません。

食べたことはないのに、とにかく読んで、想像していました。

書籍や雑誌には写真も載っていますから、それも想像するにはうってつけでした。昔の寿司について知ろうとしたとしても、当時はそんなに簡単に情報が手に入りません。でも、家には40年前の寿司が載った雑誌なんかがありました。今、そういうものを手に入れようと思ってもなかなか難しいですよね。ですから、そういった家にあった資料で昔の職人さんたちの本物の仕事や思いが知れたっていうのは本当によかったです。

昔の本を読んでいると、寿司職人がたばこを吸いながらインタビューを受けているんです。そういうのが認められる優しい時代だったんだなって。そんな時代の雰囲気を感じとったりすることもできました。

それらの本ってきっと、父親なりの野心の集積なんです。それを僕も読んでいるというのは、反発しあいながらやっぱり親子なんだなって、今はそう思えますけれど、当時父親との関係においてはそんなことを考える余裕もなかった。

何事もそうですが、僕は割と形から入るタイプなんです。ですから味を写真から想像する。ネタをこんなふうに処理しているんだとか、味つけはこうしているんだ、ってことをビジュアルから学んでいました。

梅吉丸以外の努力

梅吉丸との出会いで素材に興味を持ち始めてからは、福岡や山口など周辺の漁師さんのところに行っては、いい素材を扱っている人がいれば直接交渉をして、仕入れをお願いしたりしていました。

当時は、本当に時間だけはあったのです。もちろんそういった漁師さんたちとの関係は今でも続いています。

例えば、当時、車で店まで魚を持ってきてくれるおじちゃんがいて、いい魚とかウニとか持ってきてくれてたんです。ところがそのおじちゃんが、ある日パタッと来なくなってしまって。原因が何なのか、僕には分からない。でも梅吉丸以降、やる気に火がついていた僕は、「ああ、あのウニをまた使いたい」と思い、確かおじちゃんは山口県の下関市から来ていると言っていたからと、山口県の漁協全部に電話してそのウニ漁の漁師さんを捜しました。

そうしたらその漁師さんがみつかりまして。そこからまた取引が始まりました。そしてその漁師さんとの関係は今も続いています。

例えば、小倉の藍島のとある漁師さんとは、北九州の商工会議所の紹介で知り合いました。全然面識もないのに、いきなり島に電話して、いきなりでかけていったら意気投合。それからの付き合いが続いています。

言い方は悪いのですが、雑談の中で他の漁師さんがやってることとかを伝えるんです。山口の漁師さんは、ウニを塩水ウニにしているらしい。そしたら価値も上がるよ、とかって。彼なんかは好奇心旺盛だからすぐ試してくれて、それがうまくいけば照寿司で仕入れるという、そんな関係が続いています。

今ではブランド化した、藍島の放血神経締めをした鰆、「藍の鰆」もそんな漁師さんたちとの関係から誕生した魚です。

放血神経締めとは、漁師さんが獲れたばかりの魚を船上で処理して、血ぬきをするものなのですが、これを施すと、魚が生臭くならず、むしろ時間が経てば経つほど熟成されて旨みが増していきます。最初この鰆は１kgあたり１０００円ほどで取引されていたのが、どんどん価値が上がって、今は「藍の鰆」というブランドになって1kgあたり3000円になっています。

こうやって地域の魚がブランド化されると、それを扱う彼らの価値も収入もアップします。

さらにこのプロジェクトの成功で、2020年には、日本の食文化にこだわり、生産者と共にその文化を伝えることに尽力した料理人に贈られる農林水産省の料理人顕彰制度「料理マスターズ」を受賞。これは今までの努力が認められたようでとても嬉しかった出来事でした。


話を戻すと、それ以外にもぜひお店で出したいと思った熊本のワイナリーのワインがありました。何度か通ったのですがなかなか仕入れさせてもらえなくて。でも通い続けることで、やっとOKをいただいて、今では無事お店で出すことができています。

割と欲しいものは手に入れたいタイプなので、「欲しい！」と思ったらどうしたら手に入れられるか考えますし、しつこいです。

ＳＮＳで世界中とコンタクト

本当に当時は時間があったので、暇さえあればネットサーフィンをしていました。で、どこにどんな漁師さんがいて、魚にどんな技法を施していて、といった情報を仕入れていました。魚以外に使えそうな食材のこと、お酒のことも同様です。

そしてFacebookを始めたのもこの頃です。

例えば気になる漁師さんのことを雑誌の記事とかホームページで知るとします。そしたらすぐに、Facebookを通じてコンタクトを取るのです。知らない人にコンタクトを取るのは全然苦痛ではないです。どっちかというと思い立ったらすぐ動いています。

自分がやってみたい、やってみたらいいと思うことは、それができる人に伝えてすぐにやってもらうんです。

寿司そのものについての情報は書籍や雑誌から仕入れて、最新のネタについてはインターネットやSNSを通じて仕入れる。

当時は、そんなスタンスで自分の中で次第に今の照寿司の原形が形成されていったという感じでした。

仕入れすぎて赤字

梅吉丸以降、どんどん質のいい魚を入れてはカウンターで出すようにしていきました。

照寿司は1階に調理場があって仕出しなどの寿司は全部1階で作っていました。2階にカウンターは一応あるけれど、あくまで売上のメインは出前やホテルへの仕出しでした。

当時の売上の7～8割は仕出しが占めていたと思います。

この頃になると、次第にカウンターを任されるようにはなっていましたが、このままでいいのか？　と。このままじゃ自分は何者でもなくなるなという焦りはありました。もちろんその焦りは今も常にあるんですけれど。

そんな中で北九州の食材との出会いがあって。そうか！　まずはいい食材を使えばいいんだ！　と。まずは、照寿司の寿司の中身はちゃんとしているという事実を作り上げればいいのだと。

それで、先にもお話ししたように、近海の漁師さんのところを回ったりして、質のいい素材をどんどん仕入れるようにしたというわけです。

するとお客様側の反応も違ってきました。反応がいいのです。「お、これはいけるな」という手応えは自分でも感じていました。

ただ、正直、その頃のカウンターの売上は、月数十万とかでした。これは儲けではなくて売上の数字です。しかもそうやっていい魚を仕入れているので、儲けはほとんどないかマイナスでした。原価が高いので、よくて儲けが数万円出ればいいぐらいな感じでした。

ですから当たり前ですが、当時の経営者である父親にはいろいろ言われました。でも自分の中では、これでいいのだと、照寿司を変えるんだという思いでただただ突き進んでいました。

父親も経営者とはいえ、それこそ田舎の家族経営に毛が生えたくらいの中小企業の社長です。ずっとどんぶり勘定でやってきて、資金繰りが苦しくなったら銀行から借りればいいや、みたいなところはあったと思います。

とにかくどんぶり勘定だったのです。

家賃はかからないし、原価だけが引っ掛かってくるから、僕がいい魚を仕入れてばかりいると「いい加減にしろ」みたいな。

ただ僕があまりに何十万円分と魚を仕入れるので、赤字が重なって、経営自体が危うくなったことも何回かありました。今思うと、本当にどうしようもない息子です。

でもこちらとしては、照寿司を変えたい、だから今、こうやって質のいい魚が必要なんだと説明しても、もちろん父親は全然ピンと来ていない。

そりゃそうですよね。未来のビジョンもなくて、こんな赤字ばかり垂れ流しているのに協力できるかと。

それで喧嘩になって、何度自分が店を出ていったか分からないです。「もういいや、俺が出ていくわ」と。するとお女将さんである母から連絡が来て、「いいから戻って来なさい」、とか言ってとりなしてくれて終わるという。毎度そのパターンでした。

売上が１カ月20万円から３００万円に

そうやって父親にシブい顔をされながらも、いい食材を仕入れて、いいネタの寿司を出して、っていうことを続けていました。

同時に２０１２年からはFacebookをスタートさせて。いい食材を仕入れると、そのたびにそれをあげていました。最初にあげたのはアワビの写真です。いい食材を仕入れると嬉しくなって誰かに見せたくてあげていた、っていうのと、このFacebookっていうのはどんなもんだろう？　っていうのもありました。今でこそさまざまなＳＮＳが存在していますが、当時はまだFacebookが出てきたばかりの頃。

どう使えばいいのだろう？　何ができるのだろう？　という好奇心と、何かビジネスにも役に立つのではないだろうか？　そんな雰囲気も感じていました。最初は本当に「いいね！」が２つとかだったのですが、次第に「いいね！」が増え始めて。照寿司自体が拡散されていった感じです。

それと同時に２０１４年、世界的に有名な飲食店ガイド本の九州版に照寿司が載りました。星がついたというわけではないのですが、審査員のおすすめということで掲載されて、これは本当に嬉しかったです。

この特別版というのは改訂版が出ない限り、ずっと発売されるという通常のガイド本とは違う地方版といいますか、そういう形態なんですが、それでも見てくれてきちんと評価してくれる人がいるんだ、ということで自信にもつながりました。

このFacebookでの拡散と世界的に有名な飲食店ガイド本に載ったことが追い風になって、カウンターのお客様も少しずつ増えていきました。

売上が、20万円から、50万、80万、100万、150万円と増えていったのです。2010年に梅吉丸との出会いがあって、2012年にFacebookをスタート。2014年に世界的に有名な飲食店ガイド本に載ったのもあり、2015年も売上が順調に伸びていって、月の売上が300万円ぐらいになったのが2016年のことです。

300万円といっても、単純計算で、客単価が1万2000円として、1日10人のお客様が来てくれれば25日間で300万円ですから、現在の照寿司からみたらそんなにものすごく儲けていたということもないんです。

でもスタートが数十万円でしたから、やっとここまで来られた、というのもありましたし、もっとどんどん上に行きたい、という思いも強くありました。

やっと何者でもない自分から少しずつ脱却できているのではないか、そんな手応えもありました。

そこで、僕もとりあえずは一人前の寿司職人になれたんじゃないかなという思いもありまして、父親に、カウンターを改装したい、ってもちかけたのです。一応金額的に結果を出してはいたものの、父親は、最初はなかなかいいよとは言ってくれなかったのですが、散々説き伏せてやっとＯＫが出て、２０１６年にカウンターを６００～７００万かけて改装しました。

それで今の白木の一枚板にしたのです。ただ内装まで今の形にしたわけではなくて、カウンターだけを変えました。内装まで今の形になったのは、正式に僕が照寿司を継いだ２０１８年のことです。

カウンターの板は、吉野檜の３００年物の一枚板で、すごく厚みがあるんです。で、ネタケースなどがないので、全部、目の前の職人の手元が見えるようになっています。

これは、全部手の内を見せるぞというか、この形で自分がこれからやっていけるという自信と決意の表れでもありました。

内装のヒントはインターネットから

今は照寿司のことを自ら寿司オペラと呼んだりしていますが、この時には今のような劇場型にしたい、というまでの構想はなくて。

ただ、より見せるようなカウンターがいいなと思って、それをイメージしてまずはこちらとお客様との間に仕切りのないカウンターを作りました。

こういったアイディアは、暇な時代に、あちこちネットサーフィンでいろいろ調べた結果です。ほとんど他店に食べに行ったりしないので、ネットサーフィンで、いろいろなお寿司屋さんのホームページを訪れたりして内装を見てまわるんです。

それで「あ、これだ！」と思うものがあれば、その写真を保存しておく、みたいなこともやっていました。あとは飲食店関係のいろいろな古い本や昔からの雑誌を見て、寿司屋に限らず「あ、いいな」と思うものがあれば保存しておいたりもしました。

２０１６年にひとまずカウンターを改装して、その後の２０１８年に今のあの劇場型にしたわけですが、２０１８年の改装時には、自分が一番輝くような照明になっているなど、いろいろな仕掛けをさらに施しました。そういったアイディアは集めた情報をいったん自分の中に取り込んで、それを咀嚼することで出てきているものだと思います。

値段設定にも苦心

照寿司のカウンターは、僕がいい魚を仕入れ始める前までは、おすすめの刺身とか、てんぷらとか、あとは鶏の唐揚げ、生ビールもあるという、いわゆる普通の寿司屋のカウンターでした。小上がりもあるから居酒屋として使うお客様もいる。

魚以外のおつまみもあって、握りは3000円、5000円、おまかせが7000円。この値段設定は、魚の質を変えだした2012年からしばらくの間このままでした。

来てくれるお客様も仕事帰りに仲間や友人と一緒にという人が多く、本当に居酒屋感覚のお客様も多かった。寿司屋に来ているというよりは、商談などのお話が目的という場合のお客様も多かったです。

するとせっかくカウンターで寿司をお出ししても、食べてもらえないからどんどん寿司が乾いてしまうんです。

それが嫌だから、直接、手で渡すやり方を始めました。それが2016年のことです。それからカウンターを改装して5000円、7000円、1万円にしました。カウンター改装後、最初は伸び悩みましたが、有り難いことに次第にどんどんお客様が来てくれるようになって、価格設定を1万2000円と1万5000円のコースのみにしました。

さらに半年後ぐらいに1万5000円、2万円にしたんです。さらにプラス、2万5000円のコースを作ろうか、となって今は3万円のコース1本です。

自分でもよく分かっていなくて、カウンター改装後のおまかせのみにしたばかりのときは、そのコースを3時間から3時間半かけて出していました。つまみを延々と出したりして。

他の店に食べに行かないから、他店がどんなペースで料理を出しているか知らないわけです。逆に知らないよさもあったかもしれませんが、これではいけないんじゃないかと思って、工夫していきました。

もちろんどんな料理を他店が出しているかという情報はインターネットや雑誌とかで知ります。実際に体験はしたことないけど、雑誌で見て、この料理はいいかも、ぐらいには思いますが、果たしてどうやって、どんなタイミングで、どんなペースで出してるかは知らないわけです。

そういったことも、インターネットとか、雑誌を見まくって研究しました。

ちなみにコロナ禍以前は、昼1回と夜2回の、全部で3回転していました。昼も夜も、値段と中身は同じです。時間は1回で2時間です。

価格を5000円単位で上げていったのには、正直緻密な計算などがあったわけではなく、お客様の様子を見ながら上げていきました。2000円や3000円ずつ上げていくよりも切りもいいですし。

ただ、正直なことを言えば、寿司屋の2万円と2万5000円で何が違うのっていう話もあるわけです。正直、マグロが1貫、いいトロが1貫出たら2万円と2万5000円とあまり差がないでしょう？　ほとんど同じでしょう？　という。それぐらい1貫あたりにすると高いんです、全ての物が。

照寿司の寿司を1貫ずつで食べたら本当に高いです。エビだって高いときは一尾あたり原価だけで4000～5000円しています。

でもそれをおまかせにさせてもらうことでお得な内容にしている、というところはあります。

今は3万円のコースのみで、おつまみが6〜7点程度、それから寿司が11〜12貫は出ます。結構なボリュームなので、必ずお客様には「お腹を空かせて来てくださいね」と伝えています。

そしてさらに始まる前には、「照寿司はお客様に二つのお約束をします。一つはお腹をいっぱいにさせていただきます。もう一つはスマホの写真フォルダを照寿司でいっぱいにさせていただきます」とお話ししています（笑）。

カウンター改装のその後

当たり前ですが、改装しても、今みたいな状態にはすぐにはなりませんでした。やはり約60年間地方の大衆店、町寿司でやってきた寿司屋がカウンターを変えたからといってお客様が突然増えるわけではないんです。

もちろん2016年の時点で、月の売上がカウンターだけで300万円はあったわけなんですが、ちょっとその辺は読みが甘かったです。

とはいえ、カウンターは改装したし、まだまだ突き進まなければいけない。

なんとなく自分の中のアイディアとして温めていた「劇場型、体験型」というのをもっと具現化していこうと。

それで生まれたのがあのポーズです。

改装前は、本当に典型的な町の寿司屋のスタイルでした。お客様は、おつまみを食べて、最後にネタケースから選んだネタで握られた寿司を少しつまむという寿司屋だったので、そこには新しさが何もなくて、すごく嫌だったんです。

寿司を握って出してもすぐに食べてもらえないことも多いですし。ですから、カウンター越しに、直接お客様の手に出し始めたのです。カウンター越しから「はい」って。手にのせるからすぐに食べてね、って。そうしたら、お客様もさすがに自分の手にのせられたらすぐ食べるわけですよ。

それまではお客様のお皿に置いてたわけじゃないですか。そしたら置かれて乾燥した寿司がどんどん並んでいくわけです。

それがすごく嫌で。せっかくいい素材を使っているし、寿司はやっぱり握りたてが一番。素材のおいしさとかシャリとの温度感とか。とにかく早く食べてね、っていうことからあのポーズは生まれたわけです。

この、ほかの店にはない寿司の出し方というのも、徐々に話題になっていきました。

カウンター改装前後くらいから、世間では、行ったお店の料理をお客様が自分のSNSに投稿する、というのが当たり前になり始めました。その投稿に、行ったお店をタグ付けしたり。今では普通のことですけど。当時はSNSといってもFacebookが主流でしたが。

照寿司に来たお客様で初めてお寿司をあげてくれたのは札幌のドクター、小浦場祥夫氏です。今もお客様として来てくれていますが、すごい食通で、そういう人があげてくれると、それを見ている周辺の食通の人も「あ、戸畑にそんな寿司屋があるのか！」「行ってみたい」となって。

そしてそういう人たちは実際に来てくれます。するとその人たちがまた自分のＳＮＳにあげて、それがまた拡散されて、とそうやってお客様が、照寿司の寿司を写真に撮ってあげてくれることでも、どんどん拡散されていきました。

それはまるで倍々ゲームのようでした。

蝶ネクタイのスタイルに

今は寿司屋の白衣に蝶ネクタイが決まりのスタイルになっていますが、あの蝶ネクタイも50個近くをいろいろと試して、結局大きさも色もあれじゃないとダメということになったのです。蝶ネクタイって日本人にはあまりなじみはないですが、世界的にはきわめてフォーマルなスタイルです。それこそ天皇陛下の前にだって、ヨーロッパのガラパーティにだって出ることができます。

これも照寿司のＰＶを作ってもらうことになって、その撮影当日に思いついたアイディアです。せっかくＰＶを撮るのだから、何かインパクトが必要だ！人と同じではダメだ！　そうだ！　蝶ネクタイだ！　と降って湧いたようなアイディアといいますか、突然ひらめいたものでした。

また、以前は長い白衣に眼鏡をかけていました。寿司を出すときにもちょっと伏し目がちで、「どうぞ食べてください」みたいな、今みたいな迫力はなかったです。

眼鏡を外した方がいいよというのは、息子からの提案です。眼鏡からコンタクトに変えたら、圧倒的な目力が生まれました。

蝶ネクタイにしてもコンタクトにしても、どうしたら自分だけのスタイルを確立できるか、常にそれを考えながら少しずつ自分だけのオリジナリティを伸ばしていきました。

照寿司オリジナルのネタを創出

照寿司の魅力の一つに、握りのネーミングや中身の圧倒的な個性というのがあると思うのですが、そういうのは、現場でいろいろやっているうちにぽんと出てくるんです。

例えば、鰻の間にシャリがはさまっていて、それを海苔で包んでいるという照寿司の名物の鰻バーガーも、最初は鰻のかば焼きをただ切って、つまみとして出していただけなんです。でもそれだと普通で全然楽しめない、と思いだしたのです。

で、寿司にしてみたのですが、単純な寿司としてシャリに鰻をのせてもいまいち。それで鰻で寿司を巻いてみたりもしたのですが、それも別に何も面白くない。

で、ある日そうだ！　と。シャリを鰻で挟んでそれを海苔で挟んだらバーガーだ！　とひらめいたといいますか。鰻サンドイッチか鰻バーガーだ！　と。試行錯誤しているうちにぽんと降ってくるんです。

きっとどこかでそのアイディアの源泉というのはキャッチしているのだとは思いますが、ネタ帳があるとかそういうことはないんです。どこかで聞いたり、何かで見たことを、普段から無意識に落とし込んでいて、ある日ぽん！　と出てくる。そんな感じです。

例えば夏には、中津の「ハモ」のフリットと、赤「ウニ」で「ハーモニー」っていう料理を出しているんですけど、そういうネーミングもやっぱりノリというかひらめきです。ハモとウニか、じゃあ合わせてハーモニーだ！　と。これは温度のハーモニーでもあるし、味のハーモニーでもあると。結局ひらめきなんです。

常にそういうことを考えているわけではないんですが、やっぱり自分の中ですごい高揚感のあるときにそういったアイディアは生まれやすいと思います。カウンターで褒められているときとか、お客様がとびきりのおいしい顔をしてくれているときとか。

自分の中でノリがよくなっているときとか、テンションが上がっているときにそういうひらめきっていうのは生まれやすいと思います。

カウンターしかやらないと決めた日

２０１６年にカウンターの売上が３００万円になりカウンターを改装。それから2年後の２０１８年にはカウンターの売上が６００万円を超えたのもあり、僕としては照寿司をカウンターだけの店にしたかったので、父親に、そう提案しました。

僕が照寿司に入った17年前くらいは、ホテルなどへの寿司の仕出しが大全盛の時代でしたが、そういったニーズはどんどん衰退の一途。チェーンの回転寿司屋があちこちにできたり、デパ地下やスーパーなどでも気軽に寿司は買えるようになり、どんどん寿司がカジュアルになっていきました。カウンターを改装した頃には、照寿司の仕出しの需要も大分減っていたのです。

もちろん出前もやっていましたが、メインが個人相手の出前で、幾ら儲かっていたのかというと、その金額は微妙でした。大体どんぶり勘定の店でしたし、自分はカウンターでどんどん売上を伸ばしていたので、照寿司自体を思い切ってカウンターだけの店にしないかと切り出したのです。

でも父親としては、これまで自分が守ってきた照寿司をこれからもやっていきたいという思いもあるわけです。保守的なのです。

確かに僕はカウンターで売上を伸ばしてはいましたが、こういう新しいスタイルの寿司は、父親のような人間には、「なんだ、それ」って映ったでしょうし、実際にそう言われたりもしました。

それでも経営面のことを考えたら、仕出し用の職人を雇うよりもカウンターだけという選択をした方がいいと父親も判断したのだと思います。

お店をカウンターだけにすると同時に、僕が三代目として正式に店を継ぎました。

この時点で父親はまだ65歳なので、もしかしたらまだ店を譲りたくなかったかもしれないし、今も僕に対してまだまだ言いたいことがあると思います。せめて僕自身は三代目として、初代の祖母や二代目の両親たちに恥じない照寿司をこれからも続けていくつもりです。

#これが照寿司のやり方

ここ2〜3年くらいでものすごく海外からのお客様が増えたのはFacebookよりもInstagramの影響が大きいです。

Instagramを始めたのは2017年くらい。2018年に店舗をカウンターだけにして、かなり自分の中でも照寿司のスタイルが確立したタイミングでした。

Facebookと違って面白いなと思ったのは、Instagramは写真だけを投稿するSNSだというところ。

最初はFacebookの片手間に、くらいに思っていて、姪っ子が登録してくれたのがきっかけで始めたのですが、見ているうちにどんどんはまっていった感じです。

写真だけだから、世界中の人のInstagramを同じレベルで理解することができますし、ソルト・ベイやドウェイン・ジョンソンなどいわゆる世界のトップレベルのインスタグラマーの投稿とかを見ていたら、なんだか自分ももっとここで発信していきたいという気持ちがムクムクと湧いてきました。


そこで思ったのは工夫すべきは写真だと。それであの正方形のフレームの中にどう自分と食材を入れ込んでいくべきか、1枚にどう思いをこめるか、それを考え始めました。

例えば前は食材があったとしたら、ぽんと食材だけを正方形のフレームに入れて撮っていました。

でもInstagramだとそれでは全然面白くないし、目立たない。じゃあどうしようかと考えて思いついたのが食材や寿司と自分を写すこと。まさに『僕と食材』『僕と寿司』です。しかも盛った自分を写す。もちろん寿司や食材がきれいに見えるように彩度や明度にもこだわって写真は加工をしています。その投稿が注目をあびて、それが照寿司らしさ、そして照寿司の画角になっていきました。

今ではあちこち世界中で真似されていますけれど、こういった写真をあげ続けることで、今はフォロワーが12万8000人。この数は日本の料理人では一番だと思いますし、Instagram から認証バッジももらっています。このバッジとは、Instagram が一流と認めた人に授与するもので、日本の料理人でこのバッジを持っているのは僕だけだと思います。

それこそ今では世界中の人が面白がってくれて、世界中から戸畑にお客様がいらっしゃるようになりました。

第4章

ビジネスと照寿司

ビジネスと野心

よく野心家ですか？　って聞かれるんですが、若いころよりはギラギラしてないと思います。一番ギラギラしていたのは、今より注目される前、今から数年ぐらい前ではないでしょうか。

子どもの頃はそうでもなかったと思うのですが、照寿司のこと、そして寿司のことを本気で考えだした20代後半くらいからは、野心といいますか、承認欲求がすごく強くなっていったと思います。

北九州の戸畑の寿司屋の三代目という「何者でもない自分」から脱却し、自分と照寿司が売れるためにはどうしたらいいか？　を考えた時に、その「戸畑」という場所はすごいデメリットになっているように見えました。先にもお話ししましたけど、「なんで照寿司は戸畑にあるんだよ」って、両親とよく衝突をしていました。

戸畑が地方だからお客様が来ないんだという、この「地方」ということがすごいコンプレックスでした。

振り返ってみると、この僕の地方に対するコンプレックスは、裏返すと自分の野心の源泉にもなっていると思います。

野心、そしてその先に貪欲や強欲があると思うのですが、こういったパワーというのは、結局コンプレックスからしか生まれないのではないでしょうか。

僕は、それこそコンプレックスの塊でした。

ただ、そのコンプレックスがあったからこそ、ここまで来られたというのも事実です。その後、照寿司に日本中、世界中からお客さんが来てくれるようになって、照寿司が地方にあるということがデメリットではないということを自分で証明できたわけですけど。

今も、もちろんこの状況で満足しているわけではありません。

周囲を見ていても、大体みんなある程度成功すると「これくらいでいいか」とか「今の自分でいいか」って諦めてしまいますよね。例えば、自分の場合だったら、戸畑の中ではそこそこ大きい寿司屋だから、このままでいいや、と思ってしまいがちです。しかし、そうはならなかったのは、このコンプレックスの裏側に野心があったからです。

諦めるのって簡単です。簡単だから、多くの人がそこで諦めてしまう。だからこそ、何者かになる、何かをなし得るためには、諦めない心を持たないといけないんだと思います。

僕の場合だとコンプレックスを力にするとか、なにくそっていう気持を持つということが、今の自分を作るための力になりました。

照寿司の場合、照寿司という看板より、照寿司の中で握ってる人のほうが有名になってしまいましたが、これって、なかなかないことだと思います。

結局、〇〇寿司っていうのは、店の看板が有名になることがほとんどで、中の人がクローズアップされることは、なかなかない。

僕の場合は、とにかく自分で自分を売ってきたらこうなってきたんです。照寿司が出てくるまで、ＳＮＳで、料理人が恥ずかしげもなく顔を出すっていうことがなかったわけです。そんな中で照寿司、つまり僕が、例えば、『１貫の寿司と自分』とか『食材と自分』っていうのを、どんどんアップしだした。

あの写真の構図は照寿司が作ったと確信しています。

やっぱり日本人の体質として、みんながやれば、俺もやってもいいんじゃないかって思いますよね。だから、照寿司が切り込んで、切り開いた道にみんなが追随しているというのが現状です。

ですから売れたい、有名になりたい人っていうのは自分を売る。今はＳＮＳとかもありますし、いくらでも自分を売ることはできると思います。

何も売るものがない、なんて人はいないでしょうし。

例えば、美容師だったら技術を磨くしかないじゃないですか。そこは大前提で必要ですが、何を発信するかといったら、誰もやっていないことを考えるしかないと思います。

「俺のハサミ、オートクチュールだぜ」みたいな。人と違うことをやらないと。そのために必要なのが野心なんです。ちなみに僕の包丁は、刃渡だけでも51㎝あります（笑）。

ビッグマウス

こう見えても実は繊細でビビりだったりするんですけれど、だからこそ、それをカバーするためにあえてビッグマウスなことを言ってきたというのはあります。

でもここまで注目されるようになると、少し変なことを言っても、ものすごい尾ひれがついてしまったり、影響力を持ってしまうので、最近は気をつけています。

この間も、とある案件で有名な某俳優さんにお会いして、一緒に動画を撮ったんです。それでカウンターで冗談半分に、「今度、俺、映画に出るんだよね」とか話したら、それが回り回って、「今度、映画に出るんでしょ」とか、そんな話になってしまって。

ちょっとした冗談もどんどん尾ひれがついて、本当にとんでもないことになってしまうから、今はかなり発言には気をつけています。

自分に関することは好きなだけ言っていいと思うのですけど、人に関することなんかもう一切言えないです。


ただ若かりし頃には相当好き勝手言っていました。

若気の至りで言いたいことを言いまくっていたのを、今は猛反省しています。調子に乗って「俺が一番だ」みたいな感じのことを言っていました。そしてそれに付随して、人を蹴落とすようなことも言っていました。

それは、今、本当に反省しています。ビッグマウスはいくらでも言ってもいいと思うのですが、他人の中傷とかは絶対言ってはいけないですよね。

自分のことに関して言えば、大口というのは自分にプレッシャーをかけるものでもあります。「俺は世界で握るよ」とか、「世界に呼ばれる寿司屋になる」っていうのは、昔からよく言っていました。

そういったことを公言せずに、自分の中に秘めて頑張るというタイプの人もいますが、自分はそうではないタイプ。自分で自分にプレッシャーをかけるためにもあえてそういうことを公言する。そうやって言っていかないと、大きなことって達成できないと思っていました。

大きな夢を成し遂げるためにそういったことを言うんですけれど、最初や成し遂げるまでの途中は、「何言ってんの」とか「またそんなこと言って」って周囲には、バカにされたり、とりあってもらえなかったです。

でも本当に達成すると誰も何も言ってきません。それはそれでちょっと寂しいんですけど（笑）。

でも有言実行ってすごく重要です。

結局、ビッグマウスであり続けないと、自分自身が諦めてしまったり、努力をやめてしまったりするので、自分を鼓舞するためにはビッグマウスは必要です。

プレッシャー

逆にビビりでもあるから、そうやってビッグマウスなことを言うことで、自分で自分にはっぱをかけているというところは正直あります。

照寿司はそれこそ７～８年前から少しずつ今に近づいてきたわけですが、やはり成功したのは４年前くらいから。ＳＮＳなど周りからの評価でいきなり人気が上がった時に、それに応えなくてはならないというプレッシャーは結構大きかったです。

お客様は、みなさんやっぱりすごく期待して来られるので、そこに応え続けないといけないという怖さ、それからやっぱりここまで支持していただけるからにはそれを保ち続けないといけないっていう怖さは、イベントなどが成功したときも、今も常に存在しています。

特にカウンターの中で、手元から何から全部見える劇場スタイルで2時間演じてるっていうのは、もう料理人からするとかなり精神が擦り切れるというか、すごく細かいところまでお客様に見えているので、かなりのプレッシャーなのです。

逆に僕もカウンターに座ったら、中の職人がどう握るのか、所作なんかを観察します。手元まで、どうやってるのかな、こうやってるかなって見ます。細かいところまで神経を使う中で、やっぱりビビっていては、それもお客さんにも伝わると思うので、自分を鼓舞するということが重要です。

後で出てくる演じるということにもつながってきますが。お客様の期待に応えるために、演じる。みなさんが求める自分に応えないと、自分を大きく見せないといけない。そこはすごく大変です。

ですから、お店が終わった時はやっぱり疲れていますね、ものすごく。たぶん体力的にというか、精神的に疲れるからです。

ビジネスと決断

照寿司がここまで成功した要因の一つに「すぐ動く」というのがあると思います。

Facebookが出てきたらすぐに試してみたり、Instagramもそうです。腕のいい漁師さんがいたら会いに行ってみたり、変わった食材があったら取り寄せてみたり……。

どうしたらそんな風に動けるんですか？　ってたまに質問されるのですが、逆に動けない理由が分からない。

確かに動けない言い訳っていくらでも作れます。他の仕事が忙しいとか、お金がないとか……。でもそれって本当にそのことをやってみたいと思っているのかな？　って僕には思えます。

本当にやりたいと思ったらすぐやるべきなんです。考える前に行動しろ、という感じです。

ただ僕の場合、決断したら早いですが、決断するまでは意外と長いです。そこは結構悩んだりもします。

例えば2019年から2020年にかけて2カ月間×2回、照寿司はニューヨークでの世界初の特別なイベントに招聘されて出店したのですが、2019年の8月にまずは2カ月間だけという話をいただいたときは、やるかやらないかに関しては結構悩みました。

僕がニューヨークで寿司を握るということは、2カ月間、戸畑の照寿司を閉めるということです。照寿司のゲストはみなさん僕に会いに来てくれるのが目的なので、僕がいない照寿司を開けるわけにはいきません。さらにその期間にすでに予約をいただいているお客様にはお断りも入れなければなりませんし、普段魚や食材を仕入れている取引先にも迷惑をかける……。

いったんは悩みましたけれど、結局行くことを決めました。

このようなチャンスが来るのは生涯に何度あるかということを考えたのです。

アメリカのガールズグループ、フィフス・ハーモニーの元メンバーで今はシンガーソングライターとして活躍するカミラ・カベロとニューヨークでの記者会見にて。「世界を代表する歌姫なのにとっても気さくで、一緒に照寿司のポーズをとってくれたり、僕のスタイルを『So cute!』とほめてくれました」。

もちろんそう何度もあることではありません。しかも憧れの地ニューヨークで、です。だから決めました。

ニューヨークで出店することが、今後の自分のキャリア、そしてお店のブランドのためになる。もちろんお客様に今まで以上のものを提供するためにもやるべきだと思えました。

そしてそう決めたら、あとは実行あるのみです。

何事もやってみないと分からない。やってみていく中で、間違っていれば引けばいい。あとはトライ・アンド・エラーです。やってみたい、と自分の心が動くのならばやってみるべきだと思います。

ニューヨークも結果として、自身最高の経験ができました。

2回目のニューヨーク行きは2019年の12月からで、2020年の2月に帰ってきたんですけど、戻ってきたらコロナが広がりだして。

正直なところ、ニューヨークに行ってなかったら照寿司はつぶれていたかもしれません。ニューヨークで大成功して経営面でも助かったので、それがあったから生き延びることができました。

1回目に行った時に向こうが価値を感じてくれたので、2回目も「ぜひ来てくれ」と声がかかったのです。1回目に行くという決断をしてなかったら2回目もなかったでしょうし、2回目は照寿司の価値を感じてくれて、報酬も倍に上がりました。

だからやっぱりそういうときは飛び込んでみるべきなのです。足かせがあるならそれをどう外せばいいかを考えるべきなのです。

戸畑からニューヨークへ

ニューヨークでの体験は自分にとっての大きな自信になったと共に、海外ではシェフ、つまり和食の料理人も含めて、僕たちの職業がいかにリスペクトされているかということを実感したものでもありました。

ニューヨークでの出店の後には、ご褒美としてグラミー賞授賞式にも招待されましたし、帰りはロスにも立ち寄ることができました。日本とは扱いが違うのです。実は新婚旅行もロスだったのですが、そのときは泊まることができなかった映画『プリティ・ウーマン』の舞台のホテルにも今回は偶然にも泊まることができました。どれだけ料理人がリスペクトされているか。これからは日本で料理人の地位向上にも貢献していかなくてはと思ったものです。

自分の「型」を作る

少し前に足かせと言いましたが、そういう意味で言えば、今の僕は本当に自由です。縛られているのは三代目ということくらいで、ほとんど足かせと言われるものがありません。戸畑で三代目ということが結果として功を奏しましたし、あとは技術的なものは、本や YouTube とかで学んできました。

東京の名店で何年も修業したといったような経験もないので、伝統にも縛られていません。

だからこそ、逆に好きなことがやれているし、自分だけのスタイルを構築で

2019～2020年にわたって行われたニューヨークのポップアップイベントの会場でニューヨーカーたちに囲まれて。会場は、戸畑の照寿司とそっくりのしつらえに。「みんなタキシードとかドレスとか、ドレスアップして来てくれるのが印象的でしたし、嬉しかったですね」。

きたのです。自分がこのスタイルを作ってきた、だからこそ、もちろん賛否は甘んじて受け入れてます。

照寿司は、コロナ禍前は1日3回、2時間制でした。昼も夜も料金は同じで、僕が説明する内容もほぼ同じです。

ですから周りにいる従業員たちは、「また同じことを話している」って思っていると思いますが、これが僕のやり方。僕のスタイルなんです。

毎日「照寿司」を演じています。このやり方は悩みに悩んで出来上がったスタイルです。

よく、「どうしてそんなに険しい顔をしているの？」って聞かれるのですが、これが一番迫力があるし、作り込んだ「照寿司」とイメージがぴったり合うと思ったからです。

あとは作り笑いができないからというのもあります。もし「照寿司」を演じていて、後ろで従業員がパリーンとグラスを割ったりしたら、笑っていられません。それこそムカついたことがあるのに笑っているって、嘘の笑いになってしまうから、だから作り笑いはできないのです。あと僕はこの顔ってすぐ作れるのです。いかなるときでも。笑顔からすぐに。

自分を作り込んだ結果がこれなのです。

どこの世界にお客様を睨んで寿司を出すやつがいますか？　そこがもう他と違うんです。

気持ち的には、「どうぞ」という気持ちと、いい男に撮ってね、という気持ちでこの顔をしています。

作り込んだ顔だからこそ、お客様はみなさん、のれんをくぐって僕の顔を見たら、「うわあ、本物だ」って言ってくれます。

それってもう僕の顔に価値があるってことなんですよね。

「照寿司、何なのこれ」ってみんな調べて、Instagram見て、YouTubeを見て、わざわざお店まで来てくれるわけです。それで「うわあ」って、反応してくれるのはとてもうれしいです。

期待値が事前にあって、もう芸能人に会いに行くっていう感覚に近いのだと思います。

僕自身もそこまで僕自身、そして照寿司を高められてよかったな、って心底思っています。これからもどんどん価値を上げていくので、お客様には照寿司にまで足を運んでいただいて体験してもらいたい、ここだからこそ出会えたんだ、という価値を提供していきたいと思っています。

照寿司を演じる

「照寿司」は作り込んだスタイルだと先にお話ししましたが、カウンターの中での2時間、僕は照寿司を演じます。ショーアップされた寿司屋の大将をカウンター内では演じているわけです。

作り上げて、作り込んでなし得たスタイルがこの形なんです。試行錯誤を繰り返しながら作り上げてきました。

ですからカウンターに立った時の僕と、常の僕は別人格です。

カウンターの中での２時間は、照寿司を演じる自分、非日常の自分というふうに割り切ってもいますから、普段の僕は割と物静かです。

事務所では、ほとんどパソコンの前にいます。もちろん打ち合わせをしたり、スタッフに指示はしたりもしますが、カウンターの中にいるときとは全く違います。カウンターの中は「はい、今から幕が開く」みたいな感じですね。「はい、変わるよ」みたいな。

もう本当に切り替えがとても早いんです。

カウンターの中では隅から隅までお客様の反応に気を配っています。カウンターに立つとゾーンに入って、より集中しているし研ぎ澄まされてるから、お客様の小声でも全部聞こえてしまいます。

今はもう慣れてしまったといいますか、本当に照寿司を演じているんですけれど、このスタイルになる前はそれなりに神経もすり減らしていました。

逆に言うと、演じることで楽になったといいますか。

今みたいに演じる前、つまりこのスタイルが完成する前は、一体お客様たちがどういう目で僕のことを見てるんだろう、というちょっと弱気な自分も存在していました。


しかし試行錯誤をしていくうちに自分が今やっていることは間違っていない、と自信が持てるようになり、その自信が確信に変わりました。

世界中からどんどんお客様に来ていただくことによって確信に変わっていったんです。お客様はみなさん、食べるのももちろんですけど、僕に会いに来てくれているんです。それは日本国内からでも海外からでも同じで。そうか寿司だけではなくて自分にも価値があるんだって、それに気がついたときに意識が変わったんです。

これまで何よりも体験を売ってきました。それにお客様が期待されているなら、その期待通りの自分になって演じなければいけない、というか、その期待どおりの自分になってないといけないというのがありました。

あの顔をみなさんに求められているというのもあるので、カウンターの中で寿司を出すときはあの顔でいますが、いつもあの顔ばかりをしているわけではありません。ふとした瞬間に笑顔も見せます。そのギャップがお客様にはよかったりするんだろうな、とか。それも作り上げていったスタイルなのです。

それから、もともとビッグマウスだったのは、常のほうの自分です。それが拡大していって、カウンター内の自分にも影響を与えています。

こういう仕事をしていたら、ある意味、ハイテンションなんです。カウンターの中にいるときはハイテンション。逆にそれ以外のときは普通の人格といいますか。二人の自分がいます。まるでジキルとハイドです。

今はもう当たり前になってしまいましたけど、この2時間の体験型の寿司屋にしてからカウンターの中に立つと、アドレナリンが身体に走るのを感じていました。本当に興奮状態になるのです。それはお客様に対して真剣に向き合っているからこそです。

とはいえ、何かのタイミングで悩むこともあります。ただ僕は一人で考えて、一人で解決するタイプなので、あまり周囲にも相談はしません。最近では本当に切り替えがうまくできるようになりました。さらにカウンターの中に入るときは、自分自身も楽しむようにしています。気分はいつもなりきっている、気分はいつでも舞台俳優といいますか。カウンターの中に入るとスイッチが入るのです。1日に3回、みなさんに楽しんでもらえるテンションになるように自分で演じています。

それともう一つ、楽しんでもらえるためにはやはり理論武装も必要です。僕は照寿司の三代目、寿司職人としてカウンターの中に入っているわけです。

ですから、寿司に関しては常に勉強しています。素材のことでしたら海のこと、お米のことでしたら農家のこと。ネタのこと、シャリのことなど「何も知らねえの、おまえ」みたいに思われてしまっては元も子もありませんし、カウンターの中でお客様にいろいろお話しできることも、この仕事の醍醐味の一つだったりします。そしてそういうことができる自分がまた自信につながっていくのです。とにかく日々勉強は必要です。海を見てみること、お酢の作り方を学ぶこと、産地や人に会うこと……。どれも大事なことです。

自分への投資も必要

繰り返しになりますが、照寿司は九州の地方都市の一角、戸畑にある寿司屋です。地方だからこそ都会にはできないような、何かがなければならない。

そのために寿司そのものにこだわるために食材にこだわり、提供の仕方、サービスにこだわり、内装にこだわってきました。

それって投資です。それは今でも続けています。僕の場合、渡邉貴義＝照寿司でもあるので、照寿司への投資は自分自身への投資でもあるわけです。

ですから自分が思いついたこと、やってみたいと思ったことにはできるだけ、投資をしてきました。何でもやりたいと思ったらやるべきなのです。

よく僕は「やるかやらないか、その二択しかない」って言うのですが、自分への投資はとにかくやるべきだと思います。何でも「よさそう」と思ったものは取り入れてみるべきです。

例えば、包丁です。包丁は料理人の命です。スマホはこんなに進化しているのに料理道具、特に包丁は何年も進化していませんでした。

今、僕が使っている包丁は堺の老舗メーカー、青木刃物製作所さんに何度も通ってお願いして作ってもらっているものです。素材も鋼に近い特別な素材ですし、形も先丸蛸引きといってこだわりがあります。サイズは1尺7寸あり、日本で一番高い包丁で、照寿司のためだけに作ってもらっています。形やサイズ、重量は僕がすべて指定したものです。つまり完全なオーダーメイドです。

これも自分への投資ですよね。ブランディングといいますか。

出来上がったものを僕がInstagramにあげまくったら、青木さんのところにオーダーが殺到したのはもちろん、世界中のナイフメーカーがあの形を模倣して作っています。だけど、それでいいと思います。自己投資がそういう形で世界に広がっていくなんて、素晴らしいことではないでしょうか。青木製作所の青木さんも、渡邉さんの包丁が世に出てから、包丁の長さの平均が長くなりましたって言っています（笑）。

投資する資金がないのであれば、無料のものから始めてもいいと思います。例えばInstagramとかFacebookで発信っていうのは、無料だしすぐにできることです。

やってみてはいるけれど、バズらないっていうのは、何かに原因があるわけで、そこはもっと勉強すればいい。ほかのInstagramにヒントがあるかもしれないし、ＳＮＳを見る時間だって投資なのです。

ＳＮＳに関して言えば、やるだけなら無料なのに、それもやらないなんて、こんな時代なのにもったいないという感じです。

ＳＮＳはもっと有効活用していくべきです。早く始めれば始めただけ、追いつけないところに早く行けるってことですから。

ブレーンの必要性

照寿司が今のこのような状態になるためには、同じ地元で裏方をいろいろと手伝ってくれているパートナーの力も大きいです。

僕のブレーンといいますか、アドバイザー的存在です。

彼（通称まるちゃん）とは6年前くらいに知り合いました。同じ戸畑出身で、僕のFacebookでの投稿を見て、まるちゃんの妻が、「あらこれ近所の照寿司の三代目だわ」と「いいね！」をして、僕の投稿をまるちゃんに教えてくれて。

それでまるちゃんも僕のFacebookに「いいね！」をしてくれたのです。

当時は本当に時間がありましたから、自分の投稿にどういう人が「いいね！」

をしてくれているのかもチェックしていました。そしたらまるちゃんが戸畑の人で、しかも飲食のコンサルティングなどをしていることを知り、まるちゃんの会社に「三代目ですけど」と僕が電話をしました。まるちゃんに言わせると、「いきなり電話がかかってきて『三代目です』って、どこの三代目？」と思ったそうです。

その頃は第3章でも話しましたが、いい漁師さんや食材、お酒などを探していた時期。まるちゃんには、照寿司で提供するお酒を含めた飲み物全般のことを相談して、ドリンクメニューとかを作ってもらおうと思ったのです。

そんなにがっつり照寿司に取り組んでもらうつもりはなかったのですが、歳も近くて意気投合。今はバックオフィス全般も手伝ってもらっています。何よりイエスマンで僕を否定しない。そこが大好きなんです。

2019年から2020年初めにかけてニューヨークで計4カ月間、出店をしたときは、僕は現地に行きっぱなし。

まるちゃんには戸畑でのネタの手配や、ネタを照寿司で職人がある程度仕込んだものを空輸する手配をしてもらったり。僕がニューヨークで円滑に照寿司を出店できるようにありとあらゆるマネジメントをしてくれました。

時差があるのでそれはもうほとんど睡眠不足で大変だったと思うのですが、照寿司のために頑張ってくれたのです。今は照寿司の電話予約なども彼が請け負ってくれていますし、僕のスケジュール管理なんかもしてくれています。

個人のマネジャーでもあるし、お店のマネジャーでもあるし、彼はすごく支えてくれているといいますか、何でも寛容に許してくれる有り難い存在です。僕の仕事でのパートナーがまるちゃんです。

ちなみに照寿司のあのブランドロゴを作ったのもまるちゃんです。


彼とは照寿司の、つまり渡邉貴義のブランディングといいますか、外からの見え方についての話もしたりします。

9.11で崩壊した跡地に、2014年に新たに建てられたワン・ワールドトレードセンターをバックに。「あの時、リアルタイムで見ていたWTCの映像はショックでした。その約20年後に自分がこの場所に行くとは思っていなかったので、感慨深いものがあります。滞在中は何度も訪れました」。

例えば、僕が何かの取材を受けたあとなどに、「今の俺、どうだったかな？どう思われてるかな？」と聞いてみたりします。そうしたら、「『何こいつ、調子乗ってんじゃない』って思われてるんじゃないんですか」とか言ってくれるわけです。

それって確認なんですよね。答え合わせといいますか。自分でもそう思ってるから、やっぱりそうだったという答えが欲しいだけなんです。それが自分で自分を振り返ることにつながりますし、今度取材されたときにはどうふるまえばいいかな？　ということを考えるきっかけにもなります。

まるちゃんはこうしたらいいんじゃない？　という提案やアドバイスはあまりしませんが、相談すれば的確に答えてくれる。

同じ戸畑出身同士で、照寿司の価値がより上がっていくことによって、彼にも仕事が来るわけです。だから一緒にのし上がろうね、って言ってここまで来た感じです。

今までこのまるちゃんのことはあまり言ってこなかったのですが、やはり内助の功ではないですが、こういうブレーンがいて、いつでもバックオフィスをしっかり支えてくれるというのは、自分も外に出ていきやすいですし、有り難い存在です。

ホリエモンとWAGYUMAFIA

ここまで来た中で、すごくターニングポイントになるような出会いもありました。それはやはり、次章以降でお話ししている堀江貴文さんと彼がプロデュースしたWAGYUMAFIAの代表、浜田寿人さんですね。

出会いのきっかけは2016年3月にWAGYUMAFIAが京都で結成されるときの動画を見たこと。「何これ、すごいかっこいい!」ということで、そのビデオを作っていた制作会社の人が知り合いの知り合いだったので、照寿司の動画もお願いしたのです。

そしたらその制作会社の人が堀江貴文さんや代表の浜田さんを紹介してくれ

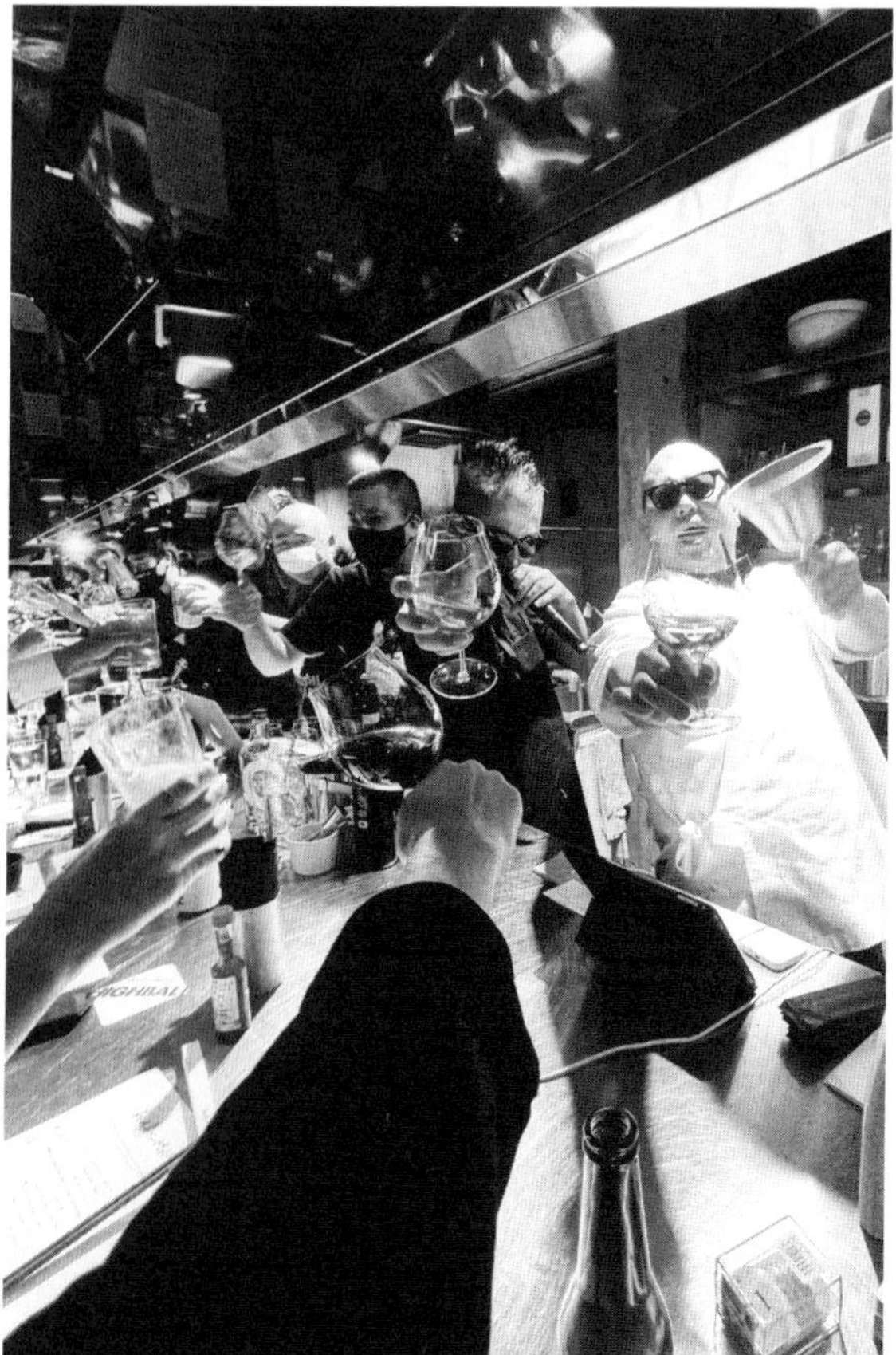

2020年12月、WM BY WAGYUMAFIA（東京・赤坂）にて3日間にわたって行われたWAGYUMAFIAとのコラボイベントにて。写真手前はイベントに参加してくれたゲスト、奥はWAGYUMAFIAと照寿司のスタッフ。「飲みすぎて翌日は、前日の記憶が飛んでいました……」。

て、そこから付き合いが始まりました。

WAGYUMAFIAは、日本の和牛を日本ではなくて世界に売っていこう、ということをコンセプトに国内外でさまざまなイベントを行っています。ここ数年は、「WAGYUMAFIA×照寿司」という形でイベントなどもコラボさせてもらっています。


堀江さんと浜田さんはすぐに戸畑まで食べに来てくれて、それからすぐに「マカオに行かない？」みたいなメッセージが来て。食のイベントがあるんだけど、って。確か最初はタイの予定だったのですが、最後はマカオになって。「行かない？」って言われたんで、「行く」ってお返事して、一緒に行きました。

堀江さんって言えばいろいろな意味で飛び出た存在といいますか、唯一無二の人ですよね。まさかそんな人から声がかかるなんて正直驚きましたけど、これはいわば僕にとっても照寿司にとっても何かのチャンスだと。何だかわからないけれど何かが始まるかもという予感はしました。

何かすごい大きな流れに、飛び込む感じでした。本当に「行かない？」「あ、行きます」って即答だったんですけど（笑）。

不安はありましたけれど、せっかくのチャンスは試したい。堀江さんと同じ土俵に乗っかっている自分。それが今の自分の実力や人気なわけです。

ここで尻込みしてはダメだって。突き進むべきだと思いました。やっぱりすごく野心が強いんですよね。

第5章

照寿司とWAGYUMAFIAの未来を語る

対談1　浜田寿人氏（WAGYUMAFIA代表）

浜田寿人（はまだ・ひさと）

1977年生まれ。父親の仕事の関係で海外での生活が長く、幼少期は東南アジア、オーストラリアにて過ごす。日本に帰国した後、高校よりアメリカ留学、19歳の時にソニー本社に最年少で入社。その後、ブランディング会社及び映画会社を起業。2011年にVIVAJAPANを設立。2012年に初の和牛輸出をシンガポール向けに開始、現在20か国以上に和牛を輸出する。2016年にWAGYUMAFIAを設立。WAGYUMAFIAのトータルブランディングとレストランデザインを担当、エグゼクティブシェフとしても現在、ワールドツアーを85都市で実施中。

出会いはWAGYUMAFIAのPV

――お二人の出会いのきっかけを改めて教えてください。

浜田：もともと２０１６年の３月29日に僕が初めてWAGYUMAFIAというコンセプトを発表したんですね。京都の祇園でのイベントでした。その時は堀江（貴文）と僕が和牛の料理を作るということをやったんですけど。もともと僕は映画業界出身なので、僕らが料理を作る過程を全部撮影したんですよ。スタッフを雇って。その映像をナベちゃん（渡邉さん）が観て、そういう映像を作りたいということで、スタッフの方にコンタクトがあったんですよね。で、出来上がった映像を拝見して、こんな変わった寿司屋があるんだと思ったのが第一印象です。

渡邉：僕もその動画を見て、まさにこれだと思ったわけ。すごい恰好よかった。クールだったわけ。なので、これからの料理人はこんなのを作らなきゃダメだと思って。

――実際にお二人が会われたのはいつでしょうか？

浜田：僕たちが、戸畑の「照寿司」まで食べに行ったんです。僕、トライアスロンをやっているんですが、たまたま博多でトライアスロンの大会があって、その後に食べに行こうということになりました。確か、コースがペアリング付きで3万5000円でした。戸畑って、僕は行ったことがなかったんですけど、堀江が「戸畑ってど田舎だよ」と言っていました。とにかく「ど田舎、ど田舎」ってうるさいんですよ（笑）。

渡邉：堀江さんは九州出身ですからね。

浜田：そう。戸畑で3万5000円という値段設定は大丈夫なの、みたいな。それにペアリングというのも面白いし。で、僕ら、ちょっと失礼なんですけど、戸畑までの距離が全然分かってなかったし、しかも大会が終わるのが遅くて、すごく遅刻したんです。

渡邉：12時開始なのに、4時に来たね（笑）。

浜田：そう。本当に失礼なことをしてしまいました。でも、待っててくれていて。当時はまだ、今の「照寿司」の雰囲気はなかったんですけど、彼の醸し出す雰囲気というのが、WAGYUMAFIAの初期の頃と通じるものがあって。これは面白いなと思いました。

渡邉：当時から、「クエ」とかをバーンと見せるパフォーマンスはやっていたよね。

浜田：そう、やってた。その時に、なんでこのスタイルになったのかを聞いたら、もともとは、地元の魚を使って江戸前のいいのをやりたいということでした。ずっと眼鏡をかけていたんだけれども、息子のすすめでコンタクトレンズに替えたら、生まれて初めて自分の目力に気付いたと。で、このポーズが生まれたというような話をしてくれました。何だかよく分かんないし、説得力も全然ないんだけども、とにかく面白いなと思いました。僕が見たことのない寿司屋だなと。当時はまだ、僕はWAGYUMAFIAというブランドをどう作るかということも、決めてなかったんですよ。ただ、和牛を取り扱うと決めた時から、世界一を目指したいと決めて動いていました。あと、年齢も、例えば18歳とかだったら何も怖いものはないと思いますが、30代の後半ぐらいから世界にチャレンジするんだったら、スピード感を持ってやらないとダメなわけですよ。僕、5カ年というのを決めて、その間にどうやって伸ばすかということを考えていました。その中で、偶発的に生まれたのがWAGYUMAFIAだったんです。で、ナベちゃんにも会って。で、その1年後だっけ。2017年に一緒にマカオに行くんです。

マカオで深まる絆

渡邉：そのぐらいから、よく付き合うようになったよね。

浜田：でも、最初からこうベタベタと仲が良かったわけでもなかったよね。

渡邉：そうそう。本当に最初はドライで、「浜ちゃん、怖えな」って思ってた。

浜田：僕、あんまり誰に対してもベタベタしないし、させないから。

渡邉：そうだね。

浜田：当時、日本人のシェフを集めて、和牛を使った一品料理を作るという世界選手権「和牛チャンピオンシップ」というプロジェクトを考えていて、そこにナベちゃんも参加してくれたんです。そのプロジェクトの経緯については詳しくは言えないんですけど、いろいろなトラブルや問題があったんですよ。

渡邉：いろいろあったね。

浜田：いろいろな紆余曲折があって、最終的にはマカオのＭＧＭで開催したんですけれど。そういう時ってやっぱり人の性分みたいなものが出るじゃないですか。その時に、「ああ、この人は気持ちのいい性格の人なんだな」と思いました。もちろん初対面から竹を割ったような性格だとは思っていたんですけれど（笑）。僕らがピンチになった時に、参加をやめるというシェフもいたわけで。でも、「いや頑張ろうよ」と応援してくれて。有り難かったというのもありました。そのプロジェクトの時に付き合った人間は、今でもとても大切にしています。当時はまだ僕らが有名になる前で、全然鳴かず飛ばずの状態の時に、「じゃあ、みんなで世界に行こうね」と。その大会に参加してくれたシェフの中には、その後ミシュランで星を取ったり、世界に飛び立った人とかいろいろいるんですけど、マカオで過ごした時間というのが、仲良くなるきっかけになったね。

渡邉：そうだね。僕にとっても初めての世界挑戦の場。そこに連れて行ってくれたのが浜ちゃんと堀江さんだった。

閉鎖的な飲食業界

浜田：あと、僕はナベちゃんと違って料理業界出身ではなく、エンターテイメントとかブランディングとか、そういうジャンルの出身です。ただ料理がものすごく好きだったというだけ。映画業界でもそうだったんですけど、僕、同じ業界の友達ってあまり作らなかったんですよね。そして、できる限り業界の言葉をしゃべらない人たちと付き合うということを決めていて。もちろん、監督とかは別なんですけど。やっぱり日本の業界って、ものすごく閉塞的で、業界語で話しがちなんですよ。どこの業界もたぶんそうだと思うんです。IT業界もそうだったし、ブランディングとかマーケティングもたぶんそうなんですけど、飲食業界もそうでした。大体みんなで飲食業界の言葉で話をしていて、僕らが立ち上げた時も、「素人ごっこだよね」みたいな反応でした。その点、ナべちゃんは、もちろんプロですけど、戸畑というすごい立地で一匹狼のような存在で。

渡邉：まあ、それはそうならざるをえなかったよね。

浜田：しかも三代目で、のほほんと暮らしていれば、ある程度はいけるわけじゃないですか。その環境で世界を目指すというのはすごいと思いました。

渡邉：クレイジーだったな、やっぱり（笑）。

浜田：僕は海外生活についてはくからしてきた帰国子女タイプで、親父が大学教授だったのもあって海外に住んだり世界を旅したりしながら育ってきました。10代の終わりに日本に帰って来て受験勉強をしたけど、やっぱ受験じゃないなと思って。で、バイトをしてお金をためてニューヨークに行ったら、こっちの方が肌に合うと思いました。つまり、その頃から僕にとって世界はそれほど遠くなかったんです。でも戸畑だと遠い。たぶん僕の世界までの距離と、ナべちゃんの世界までの距離って、青山にあるWAGYUMAFIAのオフィスから西麻布までの距離と、宇宙までぐらいの距離と同じくらいの差があると思う（笑）。

渡邉：本当にそうだね。

浜田：なのに、何の疑いもなしに、「俺は世界を目指す！」って言うのがすごいなと。もちろん、日本にはミシュランで星を取った有名なシェフとかいますけど、今のソーシャルの世界で有名なのって、たぶん僕とナベちゃんがトップ2だと思うんです。

渡邉：本当にそう思う。

浜田：もちろん、料理業界からは僕らって賛否両論がかなりあると思うんですよ。でも、僕らはそんな国内のドメスティックマーケット、いわゆる村社会の中からの賛否両論を聞いている時間はないんで。

渡邉：ない、ない。

浜田：僕らもスタートした時がそうだったんですけど、周囲からは「おまえら、できんの?」とかいろいろ言われました。で、でき始めると、「あいつらがやってるのは料理じゃないから」とか、今度は違う角度からあれこれ言われるんです。だから、僕らは、そこは相手にしていないですけど。堀江も、昔、寿司屋になるために10〜20年の修業は要らないとか言っていましたけど。それは本当にそのとおりで、もちろんそういうクラシックなやり方をしたい人はすればいいし、でもセンスがある人っていうのはいきなりシェフになっていいんですよ。例えば、世界的に有名なシェフにデンマークのnoma（ノーマ）というレストランのレネっていうシェフがいるんですけれど、じゃあ彼は20年間修行をしていましたかといったら、全然やってないわけで。でも、日本人は海外の人たちのことは、いいよねってなるんだけど、国内ではやっぱりしきたりの中で、そのレールでしっかりやらなくちゃいけないみたいな暗黙のルールがある。そこは後輩のためにも、この業界に入ってくる人たちのためにも、やっぱり僕らがブレイクスルーしたいなと思います。

僕は、和牛のよさを知ってもらうべく一人で和牛を携えて世界中のシェフに会いに行っていたことがあるんです。もちろん、最初は誰も相手にしてくれないわけですよ。「おまえ、誰？」みたいな感じで。でも、その時僕が決めていたのは、日本人のシェフとは組まないということ。海外のシェフと組むということだけは決めていて、いきなり肉を持っていくわけです。フィンランドのヘルシンキ辺りからその活動をスタートさせたんですけど、レストランのドアをノックして、「今日、肉を持ってきたんだけど」「一緒に料理したいんだけど」って言うわけです。100回ノックしたら、たぶん95回ぐらい「馬鹿か」と言われて相手にされないか、下っ端が出てきてけんもほろろな扱いをされるわけです。それを3年ぐらい続けました。でも、ある頃から、「おまえ、面白いね」と言われるようになり始めて。「日本人で、いきなり肉を持ってきて、今日の夜一緒に料理しようとか言ってくる奴はいないよ」みたいになっていって。「次、どこ行くの？」と聞かれたから、「スウェーデンのストックホルムに行く」と答えたら、「だったら、こいつを紹介するよ」とか教えてもらうようになったり、どんどん広がりだしたんです。その流れで知り合ったのが先ほどのデンマークのnomaのレネです。彼がうちのレストランにやって来て、そこからフェラン・アドリアというエル・ブジのシェフにつながって、彼も店にやって来ました。トップクラスのシェフたちって、自分が面白いと思ったらフットワークも軽いし、自分がいいと思ったものはどんどん人にも紹介する。「君たちのやっていることは実に新しい取り組みだ」とかも言ってくれて。そのご縁で、フェランの弟のアルベルト・アドリアとワールドツアーを一緒にするようになったりと。そのあたりからです。僕自身のシェフとしての知名度が上がっていったのは。

ですから、うちのレストランについて言えば、国内の店は全部ショーケースなんです。全店舗が違う顔を持っています。国内のレストランが「ニューヨークでこの店をやりたい」と見せられるようなショーウインドーになっているんです。そもそも国内で店をそこまで増やそうとは思っていないですし、完全に志向は海外にしか向いていないんです。ナベちゃんもそういう仲間の一人という感じですね。すごく人間っぽいんです。年を重ねてきて、人間っぽい人って少ないんですよ。

渡邉：人間っぽいとは？

浜田：堀江もそうですけど、年齢を感じさせなくて、情熱を語り合える人っていうのが人間っぽい人。そして、そういう仲間というのはやっぱり重要じゃないですかね。あとは年齢も同じで同世代というのもあるかもしれない。切磋琢磨できる相手です。ある程度世間的に認められてくると、いろんな人から相談が来るわけじゃないですか。昔はボロクソに言っていた人も、「ちょっと話、聞かせて」とか。

渡邉：あるある（笑）。

浜田：でも、ナベちゃんに頼まれたら純粋に何でもやりたいって思うんです。そういう人徳みたいなものが彼にはあるというか、それが彼の無骨な生き方というか。良い意味でも悪い意味でも。僕もそうだと思うし。やっぱり自分が好きじゃないことはやらないという芯がしっかりしているんじゃないですかね。それがたまたまお互い合ったというか。

渡邉：そうね。やっぱり浜ちゃんから、例えばイベントで、これやろうよ、あれやろうよ、って言われたら、全部「いいね」って言っちゃうね（笑）。

浜田：そんな付き合いがずっとここ3〜4年続いているね。

渡邉：うん。みっちりやってきてますよ、本当に。たくさん一緒にイベントをやってきているから、あんまり語らなくても意思疎通はキッチンの中でできるよという関係になっています。

コロナ禍後の世界を見据えて

――今後どういうことをやっていきたいとか、お二人で話したりしますか？

浜田：やっぱり世界を取りたいですよ。

渡邉：本当に行きたい、世界に。

浜田：今はコロナ禍の影響で、海外でなく国内でイベントをやっていますけど、僕らは、１年半前までは「え、日本語はないでしょ」っていうぐらい、日本語でのイベントってほぼやってこなかったんです。でも、この１年間の中で日本人のファンを再発掘してきたという思いがけないいい面もあったんですけど、やっぱり海外のフィールドで戦いたいですよね。

渡邉：うん。

浜田：うちって、売上の60％ぐらいが海外ですからね。国内のレストランでみても、売上の50%から60%くらいは海外からの客たちが作ってくれた売上ですよ。それがゼロになったわけですから、ビジネスモデルの軸足が揺らいだぐらいのインパクトでした。ただ、僕はベンチャー人生をこの23年間続けていて、ベンチャーなんて優しい風に吹かれて凪いだ海原を航海していくっていうことはほぼないわけで。僕がよく使う表現なんですけど、「飛びながらエンジンを直し続ける」ということです。

要は、着陸する余裕も時間もないんですよね。だから、そういう意味では、この1年ってある意味、不時着できたようなイメージです。改めて、うちのチームを見直すことができました。今まではグーンとロケットスタートして上っていったんで、この1年をもらえたことによって、いろいろな気付きがありました。金属疲労が起きていたり、無理なパワーがかかっていたり。足元をちゃんと育てなくちゃいけないとか、いろいろな気付き。その辺が見えたのはよかったです。

渡邉：改めて、周りを見直せたみたいなことだね。

浜田：あと、たぶんナベちゃんもそうだと思うんですけど、海外への飽くなき欲求が100倍ぐらい強くなったと思う（笑）。

渡邉：欲求がね、高まるね。うちもこの1年間は本当に国内だけのお客様で。でも、そのおかげで、日本人の舌に向き合うことができたので、すごいレベルアップが自分もできたかなっていうのを感じています。

浜田：あと、2020年はワールドツアーができなくなったんで、ジャパンツアーと称して、国内をいろいろ旅しました。国内の生産者とか、国内のクラフトマンとか……。例えば、キッチンにある南部鉄器とかもそうなんですけど、そういった逸品を作られている職人さんであるとか、今まで訪ねることができなかったところを回って来たんで、また経験値がアップしたかなっていう感じですね。

飲食業界の価値感を変えたい

浜田：今回、照寿司とのコラボで3万円の朝食会とか1万円のクエオフィッシュバーガーの販売をやっているわけですけれど、その価値を理解できる人を増やすことが、これからWAGYUMAFIAでチャレンジしていきたいことです。3万円の朝食というのはたぶん世界でも類を見ないような、ものすごく高い価格設定です。あと、響灘のクエのフィッシュバーガー。これ、クエオフィッシュバーガーって名付けて僕の好きなマクドナルドのフィレオフィッシュをオマージュしてるんですけど、1万円のフィッシュバーガーっていうとみんな笑うわけです。みんなコスパが悪いって思うんですよね。そう言われるのが怖いから飲食店って値上げをあまりしない。勇気がいるんです。僕もいきなりそれができたわけじゃなくて、5年間の歴史の中でどんどんそのお客さんと一緒に成長していったという部分があるので、僕らがやることに対して1万円の価値があるということで払ってもらう。それをずっとやり続けてきたんです。

例えば、ファーストクラスが120万円ですとか200万円ですって乗って、コスパが悪いって言ってる人っていないじゃないですか。例えばプライベートジェットに乗っていて、コスパが悪いって言うこともないですよね。例えばじゃ

2021 年に行われた WAGYUMAFIA とのコラボイベントのときのもの。
右が WAGYUMAFIA の浜田氏。

あルイ・ヴィトンのTシャツとか、ルイ・ヴィトンのバッグとか、エルメスのバーキンかなんかを買って、コスパが悪いって言ってる人も聞いたことない。

渡邉：聞いたことないよね。

浜田：日本の食に関しては、コスパっていう言葉をみんな当たり前のように使うんですよ。でも、海外では、食というのはコストパフォーマンスの世界じゃないわけですよ。それを、僕はWAGYUMAFIAを通してみんなに伝えたいなと思います。例えば、WAGYUMAFIAの店で1万円のラーメンを出しているんですが、店を作るのに3000万円かかってます。つまり、実際にラーメンを作る装置に3000万がかかっているということです。そして人件費も仕込みも通常のラーメン以上にかかります。そのロマンを商品のコストパフォーマンスだけで語るんだったら、実に味気ないことです。

渡邉：本当にそう。だから、コストパフォーマンスと言われないように、WAGYUMAFIAも照寿司も食事に体験価値を付けているわけじゃないですか。それはパフォーマンスであったり、店舗のつくりでもあったり。

――お二人の情熱の根源はどこにあるんですか？

浜田：僕はこれまでの人生で何回か失敗しているし、その失敗した理由というのは、モチベーションが続かなかったからなんですよね。小さなカテゴリーではありましたが、これまである程度の結果を出してきましたけど、それでも何かが変わるわけでもなく。じゃあ自分は何を求めているんだろうと。自分の人生の中での至福の希求って何なんだろうと思ったときに、モチベーションクライシスが起こっていて。で、30代の半ばぐらいに僕はすべてを失いました。その時に唯一決めたのは、40代になったときには、自分に嘘をついていない生き方をしたいと。

例えば、映画制作に関わっていた時のことですが、時には、つまらない映画もプロモーションしないといけないわけですよ。自分が買ってきたわけではない映画も。その時に一人の友達に、「これ、浜田、本当に面白いと思ってる？」って聞かれたんですよ。その時に、実は心の中では面白いと思っていませんでした。でも、「いや、面白いよ。こういうのも映画だよ」って答えていた自分がいるんです。もうそういう生き方はしたくないと思いました。今の僕はもう100％、自分がおいしいと思っている物しか出さないし、おいしくないと言われたら、「へえ、合わないんだね」って思うだけのこと。

渡邉：ハハハ。僕もそうだ。

浜田：40代より前に、その生き方にシフトができたというのは一番大きいですよね。自分が好きなことをやっているから。あとはもう生きるか、死ぬか、というようなレベル。

渡邉：本当にそう思う。

浜田：だから、僕は食に救われた人間の一人だと思うんですよね。食がなかったら、世界への切符というものを手にできなかったと思うし。やっぱり映画で世界に出て行った時と全然違うレベルで世界に行けますからね。

――お二人は、コラボメニューはどうやって相談するんですか？

浜田：ジャズのセッションみたいな感じ。

渡邉：そうそう。お互いに放り込み、放り込みです。例えば僕が先にアイディアを入れたら……。

浜田：まずは彼の音を聞いて、僕の音を入れて。音楽を整えていくというか。料理人としてはお客さんの舌をどうやってメニューを通して育てていくかみたいなことは考えますけど。もうお互いに結構いろいろやっていますからね。だから、どういう感じなのかも分かるし。アイディアをお互い投げ合っているという感じで。メニューを決めるのも速いです。

引き続き世界を目指す

――今後のWAGYUMAFIAの展開は？

浜田：僕らが買っている牛って価格が高いのですが、高い牛って市場の中で流通しにくいんです。だから、ダイレクトの流通にかけたほうが安定的に買えるんですよね。今後はそれをチームとして作っていく予定です。あとは和牛業界とか飲食業界って、あんまり経営のプロがいないんですよね。職人としてのプロはいっぱいいるんですけど。堀江が昔、頻繁に会社を買収していましたが、なんで会社を買収していたかといったら、やっぱりその会社の経営陣をマージ（融合）できるからです。和牛業界や飲食業界でそれをやっていこうとも考えています。僕らがやっている焼肉店って、飲食業界ではなくてもどこかの企業の社長じゃないとオーナーになれないんですよ。焼肉社長というキーワードでやっているので。経営者として1店舗ぐらい焼肉屋さんを持ったらどうですかと。それを福利厚生でやってもいいし、友達を呼んできてもいいし。その店のために、僕らが持っている世界トップクラスの食材調達能力を提供しますよというストーリーなんです。

渡邉：それは和牛の生産者さんたちを支えることにもつながっていく。

浜田：そう。和牛の生産者もそうだし、いろんな生産者を支える。僕が牛を扱いはじめた時に一番早いなと思ったのは、自分の店を作って自分の店に送ることなんです。でないと、やっぱり高いとか安いとか、もう説明できないんですよ。鹿児島の牛はこんなに安いのに、なんで神戸や但馬はこんなに高いのか。じゃあ生産者を見に来いって話なんです。値段ってやっぱり強いファクターなので、僕らは値段以上のものや値段じゃない価値をどう伝えるかという時に、自分たちの教育プログラムの中で分かってもらえる人たちを作ったほうが早いと思ったんですよ。

渡邉：そうだね。

浜田：和牛って、やっぱり海外の人が見ても食べやすい食材ではあると思います。例えばホタルイカとかとは全然違うじゃないですか。ホタルイカを見たら、「何ですか、これ？」ってなりますけど、牛肉を見せたら、一目瞭然ですから。だから、牛肉はグローバルなコンテンツではあるんですけれど、最終的には、僕は和牛は和食材だと思っています。和食材というのは和のものと合わせられるもの。でも最初から、和の食材ですというような文脈で出してしまうと、難しい印象を与えると思います。

渡邉：そうそう。

浜田：和牛ってすごいんだよ、ということをイメージで伝えているわけですけど、最終的にはやっぱり和食材のよさを伝えていきたい。その中でも和牛の一番いいところというのは、高付加価値であり、非常に高単価食材だということですよね。たとえば、僕はマグロも大好きなんですが、天然ものへの信仰っていうのが日本人にはあるけど、海外に持っていくときに天然もの信仰ってものすごくバッシングされたりするんですよね。天然ものって、未来の資源を先取りしちゃってるみたいな考え方で。その点、和牛って養殖のもので。もちろん、グラスフェッドと和牛の戦いみたいなところはあるんですけれど、でも和牛というのは1200年間以上ずっと使役牛として育ててきた生産者がいて、戦後、トラクターを使うようになって、じゃあこの使役牛として使っていた牛をどうするんだというときに、じゃあおいしく食べようという方向になっていったわけですよ。そういう素晴らしい食材なんで、この素晴らしい高い食材と一緒に、醤油であるとか味噌であるとか、鰹節とか昆布でもいいですし、いろんな物を届けていきたいなと思います。それが最終的なゴールですよね。そしてそこで世界一を取るという。

渡邉：そうね。二人で世界一を取りたいね。

2021年に行われたWAGYUMAFIAとのコラボイベントの際に、会場前で浜田氏と。「僕が着ているのはWAGYUMAFIAと照寿司のダブルネームのTシャツ。浜ちゃんとは表裏一体というか陰と陽というか、陽と陽というか、次の段階を一緒に上っていく同志のような感じです」。

浜田：堀江も僕が最初に和牛の話をもちかけたときは、「え、和牛で？　儲からないでしょ」みたいな感じだったんですよ。でも、一人のアホみたいな人間が、「世界一、世界一、世界一」と言い続けていたら、絶対に世界一を取れるんですよ。言い続けることがとても重要で、やっぱり言い続けるためにはそういう言い続ける人たちが周りにいたほうがいい。

渡邉：うん。僕も本当に根拠なく言い続けていたわけだから。そしたら本当に現実のものになってくるんです、実際に。

第6章

照寿司の野望

現在の照寿司

2年前に、父親から照寿司をすべて引き継いで、僕が正式に代表取締役になりました。

従業員は、今はアメリカ人が1人、中国人が1人、オーストラリアの寿司屋に5年いて帰ってきた日本人の寿司職人と、全部で料理職人は3人です。さらにフレンチ出身で研修中が1人、見習いが2人、それにパートやアルバイトもいます。

料理職人には元フレンチのシェフもいるので、この状態を僕は「ダイバース・シィー・・」って言っているんです。

ダイバーシティ、つまり従業員に多様性があるんです。

特にアメリカ人のヘンリーは、台湾系アメリカ人なのですが、5か国語を話すこともでき、頭脳明晰。2019年からのニューヨーク行きのときにスタッフを募集して知り合ったのですが、今や僕の右腕としてなくてはならない存在です。

こうなる前は地元の高校を卒業して、ただ寿司屋になりたいって子を雇うことが多かったのですが、今はそういう風に来られても、僕のマインドってもはやそこにはないんです。お客様も世界中から来てくれていますし、このコロナ禍がなかったら、２０２０年はサウジアラビアやトルコに期間限定で出店したり、さらには世界のNOBUさんとスペインでのコラボイベントなども行う予定でした。

もう見ているもの、見えているものが違うので、そういう彼らとはやはり合わなくて。今のスタッフが定着するまでは本当に苦労しました。

今、国では働き方改革を進めています。それはそれで大事なことだとは思いますが、僕個人の意見としては、何かを成し遂げるためには、そういうものにとらわれずに、もっと情熱を持って仕事に取り組んでほしい。やっぱり精神論的なものを優先して頑張ることって大事だと思うのです。

もっとうまくなりたかったら努力すればいい、誰かに与えられるのを待っているのではなくて、つかみ取りに行けばいい。僕はそう考える人間なんです。

もちろん僕もそうやってきました。


もし、自分が現在の照寿司みたいになりたいと思うのであれば、僕に嫌がられても、面倒くさがられても、「教えてください」と食い下がるくらいのガッツが欲しい。僕はそんなに優しい人間ではないので、自分から丁寧に教えたりとかはしません。時間もないですし。

それくらいの熱意がないと、照寿司どころか照寿司以前に一人前の寿司職人にもなれないと思います。

ですから、「働く」「一人前になる」ということに対する僕の考え方は、今の働き方改革とはちょっとズレていると思います。もちろんうちも今は8時間労働・週休2日で雇用をしています。きちんと働き方改革のルールに則って経営をしています。しかし本音を言えばそれで一人前になれるかというとちょっと疑問です。

雇われる側が半人前の場合、こちらはお金を払ってさらに技術を教えてるわけです。それは自分のお店としての投資だと言われたらそうなのですが、こちらとしては早く一人前になってほしい。お店側にとっても働く側にとってもそれがいいに決まっています。例えば、ゆくゆくは自分の店を持ちたいのなら経営者の目線になって働いてみるということも大事です。

「明日10時出勤ね」って言われても、時間通りに10時に来る必要は全然ないのです。８時に来ればいいのです。

本当に努力するやつは８時に来ます。掃除をしたり。先に自分の仕事を終えて１分１秒でも技術を学びたい。少しでも長くいることで何かを学ぼう、つかもうとするんです。

逆に今日は終わり、となったらその後に居残りして握る練習をしたっていいですよね。先輩をつかまえて「教えてください」って言ったっていい。もちろん先輩は嫌がるでしょうけど（笑）。でも熱意を見せれば、「じゃあ」って教えてくれる先輩はいるものです。

そうやって自ら学びたい人を止める人はいません。

今の照寿司には、だいぶそういうタイプの職人が増えてきました。一時はとても苦労しました。今は僕になりたい、僕のようになりたい、という同じ方向を向いている人がだいぶ増えたので、会社としての一体感が生まれています。

賞レースに弱い？

先にもお話ししましたが、２０１４年の世界的に有名な飲食店ガイド本の九州版に、審査員のおすすめということで星はなかったのですが、照寿司が載ったのです。

その時はカウンターの改装前で、まだネタケースがあって、田舎の寿司屋という感じで掲載されました。その後、東京版が出た時に本屋さんで、「俺もいつかこれに載るような男になるぜ」って妻に言ったのを今でも覚えています。

最近の照寿司は、どうしてもパフォーマンスばかりに注目が集まってしまうことが多いので、味としてもきちんと評価されたいという思いが強いんです。元々は素材にこだわって始めたのが今の照寿司です。

ただ寿司屋としては奇抜な面も多いので、そういうところばかりがクローズアップされて、そこに対して賛否両論があるというのは認識しています。

その後、その世界的に有名な飲食店ガイド本の九州版の改定版が出たのですが、照寿司は掲載されませんでしたし、そのガイド本の本体や「La Liste」といった評価サイトの評価には満足していません。食べログの評価もブロンズのままです。

ただ、ファイドンというアメリカの出版社が数年に1度選出する「新進気鋭の料理人100人」に先日選出されました。見てくれている人は見てくれているのだということを実感しましたが、まだまだあらゆるところで味もきちんと評価されたい。

この照寿司という寿司屋の個性をまるごときちんと評価してほしい。色眼鏡で判断してほしくない。これが本音です。


正直に話せば、まだまだ自分がどこにいるか分からないんです。自分の今、置かれた状況がいまいち見えてないといいますか。自分の視点では、どうしても主観が入ってしまって見えないのです。

他人にどう映ってるか、本当のところは分からない。

もちろん、例えばInstagramのフォロワー数とか、やって来るお客様の国、年代、層、いろんな人が、それこそ今まで思ってもなかったような層が来たり、っていうことで何となくは分かります。

それこそ2020年のコロナ禍前は日本以外からのお客様が全体の3〜4割を占めていました。「おまえのためにネバダ州から会いに来た」「照寿司のあなたにブラジルから会いに来たの」っていう人が何人いたか分からないような寿司屋でした。

こういうお客様はみなさん、照寿司のファンなんです。だから味の評価でも正しく評価されたい、そのためのガイドブック掲載なんです。

一つの目標としての「NOBU」

この先どこを目指せばいいか、というところで、ガイドブック等の評価もそうなんですが、もう一つの目標がNOBUなんです。

NOBUは、元々寿司職人だった松久信幸（NOBU）さんという人がオーナーシェフをつとめていて世界中に展開している寿司がメインのレストランです。本人はミシュランを取ることが目標ではないと言っていますが、店舗によってはミシュランを取っている店もあります。

日本食をベースにその土地の素材をうまくかけあわせた寿司&和食を世界中

に文化として発信して、受け入れられています。一世代前の寿司のアイコン、寿司の伝道師とも言える人です。

照寿司も今後は海外にも展開していく予定です。あまり多くは語れませんが、２０２１年２月の時点で、現在交渉中の案件も数件あります。

世界で一番知られている日本の料理はやはり寿司ではないでしょうか？

ただそれは「寿司」とか「鮨」というジャンルではないんです。僕自身はそういう寿司屋は卒業したと思っています。僕が目指しているのは「寿司」でも「鮨」でもなくて「SUSHI」なんです。日本を含めた全世界に通じる「SUSHI」のスタイルを展開していきたい。

元々和食はヘルシーだと評価はされていますが、その中でも寿司をその文化も含めて世界に広げていきたい。

それが僕の野望の一つでもあります。寿司を文化として広めたいのです。

そういう意味では、この照寿司のやり方が日本発信でよかったと思っています。寿司は日本発祥のものなので、日本人の僕がやったということは日本の文化を守ったことにもなりますから。海外では、日本のいいとこどりの寿司屋もたくさんありますが、それではない。

ワインを表現する言葉の一つに「テロワール（その土地の香り）」という言葉がありますが、まさに寿司も同じことが言えるのです。日本の九州の戸畑でやっている寿司屋には、戸畑の「テロワール」がある。それを世界にどう発信していくか。

照寿司という寿司屋を世界中に展開させることは物理的には可能ですが、照寿司の寿司を握れるのは渡邉貴義一人しかいない。それをどう具現化していくかということを今考えています。

海外で寿司を握った経験からも分かりますが、寿司ってもう日本だけのものではないんです。実のところ世界中から照寿司で学びたいというメッセージが僕のところに毎日のように届きます。

寿司を媒介にもっと日本の文化を広めていけたらと思っています。

照寿司とSNS

どうしてこの僕の照寿司のスタイルがこんなに広がっていったかというと、最初はFacebook、それからInstagramの影響が大きいという話は第4章まででもしました。

FacebookやInstagramでアイコンとなる、世界を代表するような食通が来て照寿司を自分のフィードにあげたら、それを見てまた世界中の人がやって来ます。独特のスタイルだから照寿司もこんな九州の地方都市にあるのに、外国人がたくさん来ているんです。

みなさんゲストは飛行機、新幹線、タクシーを乗り継いで照寿司まで来るんです。小倉駅前だったら、新幹線を下りてすぐ食べて、また新幹線に乗ればいい。でも戸畑はそんな利便性のいい場所ではない。

食べに来るまでの道のり、旅行、すべての体験が冒険とでもいいますか、ワクワクする体験なのです。そういう照寿司のあり方が世界にうけた理由の一つかもしれません。

そういった地球の裏側からわざわざ食べに来てくれている外国人とのコミュニケーションを通して海外のゲストをどう喜ばせればいいのかっていうのが分かったというのもあります。海外のお客様とコミュニケーションを取ることで、相乗効果ではないですが、照寿司がより世界に向けた、そして誰もが喜ぶSUSHIのスタイルになっていったんじゃないかなと思ってます。

僕の英語は中学生レベルなんですけど、でも、それでもいいんです。もちろん話せたらそれに越したことはありませんが、僕は寿司っていう共通言語で世界中の人を楽しませられるわけです。チャップリンやMr. Beanも、言葉がなくても世界の人を笑わせることができています。僕はそういう寿司屋を目指していきます。

実際、２０１９年から２０２０年にかけて４カ月間、海外で握りましたが、お客様とのコミュニケーションについては、言葉はいらないと感じましたし、特に問題もありませんでした。寿司は見てわかる、食べてわかる食べ物だからです。

郷土への恩返し

絶対に忘れてはならないのは、照寿司のビジネスの根本には郷土愛があるということです。

先にもお話ししましたが、戸畑に祖母が満州から帰ってきて始めてから三代目、2021年で58年になります。ですから、本当に、戸畑の方、戸畑近郊の方の人生に寄り添う地域密着店だったんです。そのおかげで今の照寿司があるわけですから、もっと地元にも地元の方にも恩返しをしていきたいと常々考えています。

寿司屋って、本来、地域と密接に関わるビジネス、食事なので、今後はその強化もしていきたい。

2020年のコロナ禍以降、テイクアウトも始めました。

ゆくゆくは九州の地元で、より親しみやすい昔の照寿司のようなコンセプトの店舗を作って地元のみなさんに恩返しできたらと思っています。それが戸畑なのか、福岡の中心地でなのかは、まだ決めていませんが、ちょっとリーズナブルめの、セカンドライン的なお店ができればいいなと考えています。

照寿司＝渡邉貴義はどこに向かうのか

僕って強欲。

貪欲であり強欲なんだと思います。必ずもっと世界に行きたいと思っていますし、行けると思っています。いつも渇いている、そんな気がしています。途中まで既定路線に乗った人生だったのもあって30歳くらいを境にそれが逆転したのです。

何者でもない自分をベースに、それを何とかしたいと思ってここまで来ることができました。

もちろん傲慢になってはいけないと常に思っています。やっぱりまだまだ地方の寿司屋。もっともっと上に行きたいという気持ちがあるんです。

世界一有名とか言われてるんですけど、まだまだと思っています。

まずは地方の寿司屋というコンプレックスを跳ね返したうえで、もう何でも全部欲しいみたいな気持ちがあります。

お金とか地位とか名声とか、人が見たらだいぶ得られたと思われるかもしれませんが、そういうものではなくて、やっぱり何かが足りていないんです。

さらにここにきてのコロナ禍の打撃があります。照寿司もそうです。

コロナ禍前は日本中、世界中からお客様が来てくれていたのに、今は海外からのお客様はゼロです。日本のお客様も減っています。

それでもありがたいことに照寿司は、半年先くらいまでは予約が埋まっています。早くこのコロナ禍騒動が終息して、世の中が元に戻ることを願うばかりです。

でもそれでいいのか？　こういうコロナ禍みたいなことが今後も起きるかもしれない。

そういうリスクも考えると、このままでいいわけがない。

常に新しいことをやり続けていきたいとは思っていますが、今回のコロナのように自分がやりたくても状況が許さないときもあります。

いつまでこの人気が続くのか？　体力的にいつまで続けられるか？　そういう不安も抱えています。

また今は照寿司＝渡邉貴義というビジネスが成り立っています。

しかし結局、僕が死んだら終わりというビジネスの形になっているので、今後は後継者の育成など、永続的にビジネスが回る仕組みが必要とも考えています。

それがこのまま照寿司という形でいいのか、もっと企業化した方がいいのか。照寿司そのものよりも、まずは日本の本当の寿司のよさを世界に伝えていきたいという思いもある。

ある意味、照寿司のスタイルとか、照寿司そのものが世界のスタンダードになればいいなとも思っています。そして寿司を介して日本の文化をもっと世界に広めたい。


何より今、寿司屋のインパクトってそんなに強くない。それも課題の一つです。例えばアリアナ・グランデは、1回2時間のライブで何万人、何十万人を魅了するわけです。

でも僕は一度に何万人分の寿司は握れないですから。では他に何かいい方法はあるんじゃないかとか、考えてしまったりもする。

照寿司世界チェーンを作る？　それとも僕みたいな照寿司キャラの職人を育

てる？

会社としてはいつまでも三代目の僕がこのままの状態でいればいい、のではなくて、やっぱりNOBUのようなブランドを作らないと、とは常に思っています。

業態として、今の形だと、本当に今回のコロナでのダメージが大きかったので、何かお店以外でというか、いろいろなことをしていかなくてはならないとも感じています。

今でもカウンターに立つと不思議な感覚にとらわれることがあります。照寿司をここまでにしたのは他でもない自分ですが、それが、今ここに立っている自分と同じ人間なのだろうか？　もしかしてこれは虚構の世界なのではないだろうか？　いつか夢が覚めて現実に引き戻されるのではないだろうか……。

それは、何かふわふわとしたところに立っているような気にさせます。

でも一方で、現実は本当に存在しているわけです。世界中からお客様が来てくれたり、ニューヨークで握ったのも現実のことです。その現実が苦労してきた頃の立ち位置とあまりに違って、そこに何か得も言われぬ興奮を感じたりもします。

このままどこまで行くんだろうか？　という恐怖もないと言えば嘘です。それが興奮という感覚になって自分に襲ってくるのかもしれません。

しかし、今のこの現実を作ったのも自分自身。どうなってもまたやり直せばいいだけの話。失って困るものもない。ただ真摯に自分のできることと向き合っていくだけ。基本は常にそこにあります。

今、コロナ後の展開に向けて進んでいるプロジェクトもあれば、僕の中で今後の照寿司の方向性について考えていることもあります。

コロナが落ち着いたらドバイ、アメリカ、メキシコ、香港、マカオなどでイベントや出店の予定があります。

また、これまで照寿司は「劇場型」ということを一つのキーワードにしてきましたが、これからは「寿司アドベンチャー」「ダイニングアドベンチャー」をキーワードにしていこうとも考えています。寿司を提供するだけではなく、お客様と照寿司が一体となって寿司を通じて冒険をする、「寿司アドベンチャー」「ダイニングアドベンチャー」とはそんなイメージです。

もっともっと行けるところまで行こう。

ここまで来たのだからもっと先へ。

そう考えながら、試行錯誤を続けつつ、今日も戸畑で寿司と向き合い、寿司を握っています。

第7章 ビジネスとしての照寿司を語る

対談2 堀江貴文氏

堀江貴文（ほりえ・たかふみ）

1972年、福岡県生まれ。実業家。SNS media&consulting 株式会社ファウンダー。インターステラテクノロジズ株式会社ファウンダー。元株式会社ライブドア代表取締役CEO。現在、有料メールマガジン「堀江貴文のブログでは言えない話」の配信、会員制コミュニケーションサロン「堀江貴文イノベーション大学校（HIU）」の運営、和牛ブランディング「WAGYUMAFIA」の活動、「ゼロ高等学院」の主宰、2019年5月に民間では日本初の宇宙空間到達に成功したインターステラテクノロジズ社の宇宙ロケット開発など、多分野で活躍中。新たな事業として、2020年4月には、新地方活性型ベーカリーブランドとしてプロデュースするエンタメパン屋「小麦の奴隷」が北海道大樹町にオープン。2020年に開催されたカレーパングランプリで金賞を受賞した人気商品「ザックザクカレーパン」が話題となる。2021年2月に新店舗が滋賀県大津市にオープン。

独自路線をいく照寿司

堀江：照寿司は地方で営業しているから、東京で営業するよりは動きやすいはず。そのあたりはメリットだよね。

渡邉：気持ち的にもめちゃくちゃ楽ですね。変なプレッシャーがないんで。

堀江：東京で営業していると、競争が激しいからね。

渡邉：それは自分でも感じます。やっぱり、東京だったらもっと締め付けられるんじゃないかなと。

堀江：自分の店以外で働いていたこと、あるんだっけ？

渡邉：あります。地元のホテルで働いていました。

堀江：だから、いい意味で色が付いてないんだね。この間、秋田県の由利本荘市というところにある寿司屋に行ってきたんだけど、素晴らしかった。鮨駒っていう店。

渡邉：ＳＮＳにあげているのを見ました。

堀江：そこの大将もいろいろなお店を転々としているんだよね。ニューヨークにもいたりして、もちろん東京の店も何軒も。いろいろな寿司店を経験していて、そしてつるまない。六本木にひとはっていう寿司屋さんがあって、そこの大将が面白い人なんだけど、彼もやっぱりつるまないんだよね。「俺は河岸とかには行かないんだよね」とか言ってて。豊洲に行くと仲卸さんから、「あいつは今日来てねえな」「最近、ちょっと舐めてんじゃねえか」と言われたり、逆に、「あいつは真面目に来てるな」と評価されたり。

渡邉：そういうところで評価するものじゃないですよね。

堀江：そうなんだけど、東京はそういうしがらみが結構あるよね。照寿司は地方だけど、いろいろ言われているんじゃないの？

渡邉：最近は、それほどでもないかもしれないけど、あると思います、やっぱり。

堀江：狭い世界だからね。

渡邉：すぐ噂になっちゃうんです。

堀江：また、味がどうのこうのとか、いろいろうるさいことを言う人たちがいっぱいいるわけですよ。そういう派閥とか、人間関係とか、流儀とか、それもちょっと面倒くさいですよ、いろいろ。先ほどの六本木の寿司屋さんは、6席のカウンターと4席の個室しかなくて。営業もたぶん週に4日ぐらいしかしてない。普段は基本的に常連のお客さんしか取らない。だけど、年末のおせちとかになると100セット以上売っている。だから照寿司も、そのままで、変なところの影響を受けないでほしい。

渡邉：今のところは、変な影響を受けることはないですね。

堀江：地方にいる分、周りからの影響を受けにくいのかもしれない。そこはいいんじゃないかな。

渡邉：そこがある意味、照寿司の存在意義でもありますね。

堀江：例えば日本のフーディーのメインストリーム系の人たちではなくて、「照寿司が好きなんだ」というお客さんがいるじゃない。

渡邉：はい。最近は、そういう人がほとんどです。

堀江：照寿司は、熱烈な照寿司ファンしか来ないと思うんだよ。それを地道に獲得してこれたのがよかったよね。
渡邉：本当にそうですよね。常に地道にやってきましたから。
堀江：「寿司屋ホッパー」みたいな人たちもいるんで。食べログ4・0以上の店しか行かない、みたいな。
渡邉：それを「スタンプラリー」って呼んでたりするんですけど。
堀江：彼らは、彼らの判断基準でいろいろ言ってくるから、それはまたちょっと違うんだよね。結局、パフォーマンスとか、客との会話とか、ストーリーを含めての寿司屋だと僕は思うので、その店でお客さん自身が楽しめるかどうかっていうところに結局尽きると思うんだよね。そういう意味では、照寿司は独自のポジションを築けているよね。渡邉さんのキャラクターも含めて。

照寿司はどう世界を目指していくべきか？

渡邉：これから、どんどん世界に出て行こうと思っています。今、海外にある寿司のイメージを変えたいと思っているんですよね。

堀江：僕も世界でどうやったら寿司が認められるのかということを考えているところ。もちろん今でも認められてはいるけど、まだまだもっともっといけるのかなと思っていて。

渡邉：僕もそう思っていて、準備中です。

堀江：いわゆる第1世代の寿司屋と呼ばれる、世界に飛び出してチャレンジした人たちがいたわけじゃないですか。

渡邉：NOBUさんを筆頭にですよね。

堀江：そこが第1世代だとすれば、第2世代はもっと彼らの上を行くというか、バージョンアップしなきゃいけないんじゃないかな。例えば和牛にしても、世界に出ていくためには、ロッキー青木さんが展開させたベニハナみたいな鉄板焼きから進化させていかないといけない。そういう飛躍ができるかどうかは、たぶんいろいろなやり方があるとは思うんだけど、照寿司も今、そういう状況に来ているのかなと思う。たぶん、第1世代の寿司屋さんって、渡邉さんがやっているようなパフォーマンスがあまり必要なかったというか、あまりやってなかったような気がする。

渡邉：そうですね。

堀江：そこも含めての見せ方っていうのが大事になってくるのかなと。つまり、ただおいしいお寿司を黙って食べるみたいなスタイルって、たぶん、これからのスタイルではない。欧米人って食事中も騒ぐのが好きじゃないですか。

渡邉：本当にそうなんですよ。

堀江：飲食店でも、うるさいぐらい音楽が鳴っているのが当たり前。そういう文化なんだろうけど。

渡邉：ニューヨークに出店したときも、まず座っただけでもうすごいエキサイトしているし。1貫食べたらその度に奥さんとか彼女とキスしながら寿司を楽しむみたいな感じなんです。そこにどうやってもっていけるかというのが新しい時代の寿司にとって大切なことなんじゃないかなと考えています。だから照寿司のカウンターでも、お客さんが「うわあ、ドキドキしてる」とか言ってくれるのは、とてもうれしいことなんです。

堀江：そういう、どれだけ武器を持てるかというところで差がつくよね。例えばその一つとして、大きなクエを提供し続けたから、「クエと言ったら照寿司」だって浸透している。それは強みだよね。

渡邉：やり続けたのがよかったなと思います。とにかく、いいものを買い続けたっていうのもありますね。

堀江：でっかいアワビや鰻バーガーとか、照寿司には幾つも武器があるじゃない。どれだけ武器を作れるか、ということが大事だよね。そういう武器を持って、そろそろ東京にも出店しないと。

渡邉：東京もそうなんですけど、今海外に出店する話が複数進んでいて。

堀江：すごいね。

渡邉：投資の対象として寿司を選んでいる海外の企業が多いんですよ。

堀江：これだけ知名度が上がってくると、そういうオファーが来るっていうことだよね。ただ、海外のパートナーって、選ぶのが難しいよ。

渡邉：はい。2つのオファーはすでに断りました。

堀江：海外とはハードネゴシエーションができないと。平気でだましてくるやつもいるからね。契約書は細かくチェックして結ばないと。

渡邉：はい。そこが一番、大事だと思います。

堀江：信頼できる弁護士を選ばなきゃいけないし、国によって法律が全然違うし、そんなに簡単じゃないよね。面倒くさい細かい仕事がいっぱいあるんですよ。それは、店舗をきちんと作れたり、スタッフを養成できたりするのとはまた別の話で。そこは、その国に合わせていかなければならない。たとえばマカオに店を出すとして、クエをどう手配するの？　とか、アワビをどう手配するの？　とか。照寿司のよさを維持しながら、どうやってグローバル展開できるのか。僕がWAGYUMAFIAでやっていることより難しいと思う。

渡邉：そうですね。さまざまな種類の魚介類を扱わないといけないので。

堀江：海外でできないことをどう手配したり工夫したりしていくか、ということが大事になってくる。できないことは諦めるしかないことも多いけど、それが逆に強みになったりもすることもある。例えばWAGYUMAFIAの場合、牛骨スープってBSEの関係で骨の輸出ができないんで、スープは日本で作って冷凍したものを海外の店舗に送っている。でも、そのことが、現地のライセンサーに対するグリップにもなるわけ。フードプロダクトに関して言うと、そういうことがグリップできるポイントになったりもするんで、だからこそブランドが必要だよね。それはブランドだったりキャラクター化だったり。渡邉さんも自分の顔をブランド化するとかキャラクターにするとか。カーネル・サンダースみたいな（笑）。

ブランド化の必要性

渡邉：それは2～3年前から堀江さんに言われてますよね。早く照寿司人形を作れよって（笑）。今がそういうタイミングなのかと。

堀江：例えば、スタッフを採用するときに、ちょっと体格がよくて、スキンヘッドにしてもOKな人を選ぶとか、そういうことだよね。ブランド化ってかなり必要なことだと思う。

渡邉：よく指摘されます。

堀江：そういうことを最低限やりながら、接客の共通化というか分かりやすさ。それも重要。

渡邉：僕もそう思っています。どうやって海外で照寿司らしさを出すかといったら、例えば盛り合わせの寿司でも、僕に似たスタッフが、手にのせた寿司を出すだけで、照寿司らしさは生まれると思うので。

堀江：そういうのを宗教っぽくやる。宗教っぽくやれるかどうかって、すごく大事だよ。これはGMOの経営者の熊谷（正寿）さんが言っていることなんだけど、何百年続く会社を作るには宗教を真似するしかないんです、って。だから、宗教のことをすごい研究している。例えば宗教にはお経みたいに必ず唱える何か言葉があるとか、経典があるとか、偶像があるとか、共通点が10個ぐらいあるんだけど、照寿司もそういうのを作っていくといいよね。

渡邉：本当にそうですよね。寿司を手渡しするポーズもそうですし。

堀江：これから店舗を増やしていく時には、そういった照寿司らしさをマニュアル化していくということは最低限必要かな。あとは食材のロジスティックスがかなり重要だよね。鮮度を保ちながらどうやって食材を送るのか。ちなみにWAGYUMAFIAでは、食器類は全部作家さんが作っている。一点物だったり。そういうのも、その店らしさの一つになるよね。

照寿司はもっと突き抜けていい！

渡邉：今、ちょっと気になっているのは、自分が一人歩きをし過ぎてしまったら、料理人の範疇を超えた存在になってしまうんじゃないかということなんですが……。

堀江：どういうこと？

渡邉：例えば、メディアに出まくることで、料理人ではなくてタレントみたいになってしまったらどうしようとか。「あいつ、タレントでしょ」って、いつか言われるようになると思うんですよね。

堀江：そんなに心配？

渡邉：ちょっと心配しています。
堀江：それが心配だとして、そうなると何か問題が起きるっていうこと？
渡邉：……いや、起きないですね。
堀江：だったら、そうなってから考えればいいんじゃないかな。渡邉さんが思っているより、そういうふうに突き抜けるのは難しいと思うよ。
渡邉：例えば、北九州の店とかで僕が飯を食べていたら、店員や客から小声で「あ、照寿司」とか言われてしまうんですよね。
堀江：自分が嫌じゃないんだったら別にいいんじゃない。自分をどこまで商売に使うかっていう話だよね。
渡邉：そうですよね。そしたら相手に手を振ったっていいんですよね。僕のキャラだったら。「ここに照寿司いるよ」って。
堀江：それでいいじゃない。
渡邉：じゃあ、それでいきます。今日からそれでいく。
堀江：特に海外に進出するんだったら、それはすごく大事だと思う。

堀江氏や浜田氏が主催した2017年マカオでの和牛イベントにて。「初めて堀江氏に誘われたのがこのマカオのイベントでした。照寿司が世界に出ていくきっかけになったのがこのイベントです」。

渡邉：そうですね、本当に。
堀江：そもそもいるだけで目立つ存在なんだから、もっとやったほうがいい。足りないぐらいだと思うよ。普段のファッションも、もっと自由にやっていいと思う。
渡邉：頑張ります。
堀江：もっと筋肉ムキムキのキャラになったほうがいいし。筋トレをしてる姿とかも見てみたい。そもそも日本のマスメディアとかも気にしなくていいと思う。海外にどんどん行こうよ。刀も持ってんじゃん。あれ、最高だよね。
渡邉：二刀流でいきます、今度から（笑）。
堀江：『ラスト サムライ』みたいなイメージでもいいんじゃない。
渡邉：そうですね。
堀江：普段から侍の恰好をして歩いたっていいんじゃない。とにかく目立った者勝ちですよ、世界は。
渡邉：自分のキャラクターと照寿司の寿司が乖離していくことが心配だったん

ですけど。

堀江：乖離なんかしないですよ。そんなことを気にしていてもしょうがないよ。海外のシェフに比べたら、まだまだ知名度が足りないから。

渡邉：じゃあ、もうどんどんいっちゃっていいということですね。

堀江：1回突き抜けてから、そういう心配はしたほうがいい。今はどんどんやっちゃってください。

照寿司のビジネスマネジメント

渡邉：照寿司のこの先の展開を考えていく際に、経営者の先輩として何かアドバイスがあればぜひ。

堀江：経営ってひとことで言ってもそんな簡単な話じゃないんだよね。今、スタッフの数はどれくらいで、会計とかはどうしているの？

渡邉：スタッフは7人いて、会計はバックオフィスが1人いるのと、外の会計士さんにお願いしています。

堀江：その規模だと、まだ経営がどうのこうのっていうフェーズでもないよね。マネジメントというレベルでもないので、心配なんかする必要ないよ。組織としてはまだゼロに近いんで、「マネジメントとは？」とか考えても意味がない。そんなことを考えずに突っ走ったほうがいい。僕だって最初はそうだったし。キャッシュフローと事業の多角化ぐらいのことしか考えてなかったよね。多角化というか、稼ぐルートの多様化というか。最初の何年かはそんなもんだよ。

渡邉：とにかく走り続けろということですか。

堀江：走り続けるっていうか、とりあえずキャッシュフローだけ見ていればつぶれることはないんで。キャッシュが足りなくなるっていうことさえなければ大丈夫。

渡邉：それは、今のところないですね。

堀江：最初の数年は、キャッシュの入り口と出口をちゃんと見ていればいいけど、それは経営でも何でもない。経営なんていうことを考えるのは、もっと人が増えて、扱う金額が大きくなってからだよ。

渡邉：今、もう1店舗作るというときに、どういうコンセプトでやるかとか、丸ごと任せられる人がいないのが悩みだったりするんですけど。

堀江：正直、コンセプトなんかはどうでもよくて、大事なのは絶対にやり抜くという勢い。そして妥協を許さない姿勢。この2点が大事で、あとは本当に日々の細かい数字の管理。経営とかっていうような大層な話じゃない。今は、スマホとネットで何でもできる。僕が会社を作った頃なんか、そんなのはなかった。とはいえ、うちはネットの会社だったから、Eメールとかが使えたんで、それでもマシだったんだけど。

あと、細かいことに気を抜かないということ。1店舗だった頃と同じようなことを店舗が増えても地道にやれるかどうかだけ。大体そこができなくてダメになる。気を抜いてしまって、2店舗目をあまりフォローしないということにみんな陥りがち。そこを手を抜かずに地道に集客する。新しい店舗ができたという案内をするにも手を抜かない。ミスしがちなのは、そういうことをふわっとやっちゃうこと。だから失敗する。

渡邉：ふわっとやっちゃう？

堀江：それって、デイリーの地道なことをやらないってこと。常連さんが100人いたらその一人一人に、新店舗開店のご案内のLINEを送るなり、電話をするなりをするということ。もちろん方法は、その人との関係性によるんだけれども、その人の負担にならないような形でやんわりとお願いをするということ。

意外とそれをみなさんやらないんです。手抜きをするんですよ。「新しいお店できました」とかFacebookやInstagramに書いて終わり。それすら、スタッフ任せにする場合も多い。特に、責任感が緩いスタッフに任せると、集客にも力が入らないので、どんどん人が来なくなってしまう。責任感とか金銭的なプレッシャーが薄い人は、そうなっていきがち。それは下になればなるほどそうなので、仕方がない。そういうもんです。

渡邉：人の育て方は一番頭が痛いところです。

堀江：だから、そこはトップが、つまり渡邉さんがちゃんと言わなきゃいけない。そういうことを、マスコミとかに出るとなおざりにしてしまう社長が多くて、飲食店は特に多いんだよね。そこが勝負の分かれ目だよ。僕はそういうのは細かいので、きちんとやる。僕が主催するWAGYUMAFIAのイベントは僕が率先して集客するから。スタッフにもこうやってやるんだよ、ってやり方を見せている。すると、だんだん下の人たちも、「堀江さんはこうやってるんだ、俺たちもこれだけやらなきゃいけないんだ」っていうことを分かってきて、自然にできるようになる。けれど、そうなるまでにはすごく時間がかかる。

これってマネジメントでも何でもなくて、日々の当たり前を、どんなことが起きてもちゃんとやれるかということ。どんなに有名になっても、そういう仕事を地道にやれるかどうか。それが、実は勝つか負けるかの鍵。そこをみなさん勘違いしてメディアに出たりするから叩かれる。だから、やることをきちんとやってさえいれば、マスメディアなんかには出ても、全然何の問題もない。

渡邉：そうですね。僕もWAGYUMAFIAと一緒にイベントをやらせてもらうにあたっては、高い金額の席はできる限り自分のお客様で埋めて、しかも気持ちよくお金を払っていただいています。

堀江：コラボイベントをやっていても、そういうところでやる気があるところと、やる気がないところには差が出る。「WAGYUMAFIAとか堀江さんの知名度に頼っていればいい」って、丸投げ感満載のところとかもあるわけ。やっぱりそういうところとは、コラボはできないよね。

渡邉：できないですね。本当にできない。

堀江：そこが、やる気のある社長は違うんだよね。この店は成功してるなって思うところはやっぱりすごい。本当にうまくいく。照寿司は、自分たちのお客さんを持っているし、営業もやる。要は、何店舗か増えたり、海外進出しても、それをできるかということだよ。

渡邉：それはその地道な作業にかかっていると。

堀江：そう。細かな地道な作業なんだけど、今はスマホとかネットがあるので実はすぐ終わる。だって100人の常連さんに声を掛けるのなんか、1時間あればできてしまう。常連さん側だって、直接渡邉さんからお願いされたら、断りづらいじゃないですか。

渡邉：はい。確かにそうだと思います。

堀江：「大将自ら招待してくれてありがたいな、断りにくいな」という気持ちもあるから、それは受けてくれるんだよ。その手間をけちらずやればいいんだよ。たぶん2～3時間あれば1000人ぐらいはできると思う。慣れるとめちゃくちゃ簡単にできるようになるんで、「1000人に送るぞ！」って一気にうわーっと。

渡邉：なるほど。そうですよね。僕も気をつけてやっていきます。

堀江：僕はイベントとかの主催をするときは、VIPの人たちにどうやって気持ちよくなってもらおうとか、そこは全部考えてやっている。それは、努力して地道にやっていくと慣れるもの。すると、お客さんも慣れてくる。毎年やっているイベントなんかは、ちょっと声をかけると「今年も夏フェスですね。行きます」と返してくれるし、逆に「今年は夏フェスやらないんですか？」ってお客さんのほうから問い合わせが来たりもする。継続してそうやって地道に営業をしていると、お客さんのほうも行かなきゃって思ってくれるようになる。そして、一人一人、この人は何に誘ったかなとか、全部覚えておくべき。照寿司だったら、常連さんって大体覚えているでしょ？

渡邉：覚えてます。

堀江：おそらく数百人くらいだと思うから、その人たちをまず自分の中でVIPにする。そうやってその人たちを大事にして、ちょっとずつ常連さんを増やしていけばいい。で、海外に10店舗できても、常連さんなんかせいぜい1000人ぐらい。その人たちで照寿司を回していくんだから、その人たちは絶対に大事にしないと。で、その人たちがいれば世界に行っても成功するよね。

2017年、マカオにて堀江氏と。「このイベントがきっかけで、堀江さんのイベントにも呼んでもらったり。世界が広がり続けています」。

おわりに

２０２０年に起こったコロナ禍で、世の中の在り方が変わり、それに伴って飲食業界にもさまざまな変化が起こっています。

照寿司も例外ではありません。

照寿司のお客様の大半を占めていた海外からのお客様は、日本にも照寿司にも来られなくなり、照寿司自体も、通常は1日3回転だったのが、今は2回転で営業をしています。

僕自身で言えばコロナの影響で家族との時間が増え、お客様が日本人ばかりになったのもあり、改めて日本食と向き合う時間も増えました。

これまで、ある意味走り続けてきたので、少し肩の力が抜けたと言ってもいいかもしれません。


本当にコロナの影響は大きいです。

テイクアウトを始めたりもしていますし、地元の九州の企業と組んでのオリジナル商品の開発、コロナ後を見据えて、照寿司自体の海外進出の話も進んでいます。

海外への出店は、有り難いことに投資家からお話をいただいてのプロジェクトなのですが、飲食業界に投資したいというのは、コロナの影響以外の何ものでもないのではないでしょうか。どんどん世界が変わっていくのを感じます。

まだまだ進行中なので、多くは詳らかにできませんが、これからの照寿司は、「戸畑から世界へ」そして「寿司アドベンチャー」を合言葉に、新しい世界に進んでいきたいと考えています。今はまさにその準備中です。

余談ですが、食で海外を目指すなら、自分のいる料理のジャンルが、フレンチであれイタリアンであれ、寿司は握れた方がいいです。日本人で寿司が握れるというのは、海外ではとても付加価値になるからです。

本書を読んでいただけたらお分かりかと思いますが、照寿司は、寿司屋のスタンダードを変えた寿司屋です。

そこに賛否両論があるのも知っています。

僕は、ずっと父である二代目からのプレッシャーや、寿司業界、飲食業界からのプレッシャー、いろいろな目に見えないものと戦いながらここまでやってきました。そのプレッシャーに勝つためには、そこはもう愚直に自分を信じるしかない、としか言いようがありません。

もちろんSNSの普及など時代の波に乗ったというのもあります。でもそれだって自分がまず何かをやってみよう、とりあえず試してみよう、と思わないと始まらないものです。

考えていたって始まらない。
とりあえず行動してみる。
それが照寿司の成功の原点だと思っています。
そしてこれからも照寿司は挑戦し続けます。

これからの照寿司にぜひご期待ください。

2021年6月　渡邉貴義

渡邉 貴義
わたなべ・たかよし
寿司職人・照寿司三代目。1977年、福岡県北九州市戸畑区生まれ。中学・高校・大学と柔道に打ち込み、大学卒業後は地元のホテルなどで修業を積んだ後、27歳のときに父親が営む「照寿司」に入る。営業部門などを経験した後、カウンター担当になり、地元の食材にこだわったネタとオリジナリティあふれるパフォーマンスが評判を呼び、SNSなどでも話題に。年間5000人のお客様を戸畑に呼ぶことに成功する。2021年にはInstagramの認証バッジを取得。そのフォロワーは13万人を超え、料理人では随一。2020年、農林水産省が主催する「日本の食文化にこだわり、その文化を伝えることに尽力した料理人」に贈られる料理人顕彰制度「料理マスターズ」を受賞。2019～2020年の間にスウェーデン、マカオ、タイ、中国、アメリカで計7回のイベントを実施。2021年にはファイドンというアメリカの出版社が数年に1度選出する「新進気鋭の料理人100人」にも選出される。北九州市観光大使。

カバーデザイン　bookwall
カバー写真　寒水伸一郎
編集協力　長谷川華

ポプラ新書
210
自己流は武器だ。
私は、なぜ世界レベルの寿司屋になれたのか
2021年6月7日 第1刷発行

著者
渡邉貴義
発行者
千葉 均
編集
碇 耕一
発行所
株式会社 ポプラ社
〒102-8519 東京都千代田区麹町 4-2-6
一般書ホームページ www.webasta.jp
ブックデザイン
鈴木成一デザイン室
印刷・製本
図書印刷株式会社

N.D.C.673/222P/18cm ISBN978-4-591-17027-4

P8201210

生きるとは共に未来を語ること　共に希望を語ること

昭和二十二年、ポプラ社は、戦後の荒廃した東京の焼け跡を目のあたりにし、次の世代の日本を創るべき子どもたちが、ポプラ（白楊）の樹のように、まっすぐにすくすくと成長することを願って、児童図書専門出版社として創業いたしました。

創業以来、すでに六十六年の歳月が経ち、何人たりとも予測できない不透明な世界が出現してしまいました。

この未曾有の混迷と閉塞感におおいつくされた日本の現状を鑑みるにつけ、私どもは出版人としていかなる国家像、いかなる日本人像、そしてグローバル化しボーダレス化した世界的状況の裡で、いかなる人類像を創造しなければならないかという、大命題に応えるべく、強靭な志をもち、共に未来を語り共に希望を語りあえる状況を創ることこそ、私どもに課せられた最大の使命だと考えます。

ポプラ社は創業の原点にもどり、人々がすこやかにすくすくと、生きる喜びを感じられる世界を実現させることに希いと祈りをこめて、ここにポプラ新書を創刊するものです。

未来への挑戦！

平成二十五年　九月吉日

株式会社ポプラ社